老子心解

宋光宇

目次

推薦序
從宇宙看人間

越來越多的科學證據顯示，我們所處的宇宙具有碎形結構（Fractal Structure）。碎形結構的主要特徵是自我相似性（Self-Similarity），也就是局部與整體的相似性。在這樣的碎形宇宙內，我們發現於微小的奈米尺度內發生的事情，會同樣發生在巨大的天文尺度內。例如電子繞原子核的運動是發生在奈米尺度內，把這個電子繞核運動放大10^{20}倍，就變成了地球繞日運動；再把地繞日運動放大10^{10}倍，就變成了太陽繞銀河系中心的運動；再將太陽繞銀河運動放大10^{10}倍，就變成了銀河繞星系集團中心的運動。相同的現象重複出現在宇宙內的各個不同尺度的空間，這就是碎形結構的自我相似性。

宇宙內包含無數的原子，原子雖小，但原子內收納著一個原始宇宙，它有著與目前宇宙一模一樣的結構組成，這是碎形宇宙的特徵。也就是從我們身上的一個原子，即可以窺見整個宇宙的結構。用科學術語來說，即是天與人同構；換成文學的說法，就是「人在宇宙中，宇宙在人中。」此即朱熹所說：「天即人，人即天。人之此生得之於天，既生此人，則天又在人矣。」不管是科學或文學，兩者都表達了相同的意涵：「天人合一」。

道家與儒家都講天人合一，歷代對「天」的定義雖略有不同，但天人合一的基本思想卻是不變的，這個不變的中心思想認爲人與天有著統一的本源、屬性、結構和規律。老子稱此統一的本源爲「道」。正如《道德經》第二十五章所言：「人法地，地法天，天法道，道法自然。」天、地、人三者的運作都依循相同的規律，此規律稱之爲道，而道就在大自然之中。天上、人間都依循著相同的規律在運作，這可不是偶然，而是宇宙碎形結構的體現。

因此若能將碎形結構思想融入《道德經》的閱讀中，自然就容易明白爲何天地宇宙運作的道理能落實到修身與治國的人間凡事。宋光宇教授的《老子心解》一書正是用這樣的方法重新解讀《道德經》，這也是將『全息』與碎形結構思想引入《道德經》詮釋的第一本書。

我們生活於地球上，但絕大部分的我們終其一生看不到地球，我們所看到的是平原、山川與大海。當太空梭從外太空傳回地球的照片時，我們反而覺得新奇與陌生。《道德經》的陌生與難解也正是出於相同的原因，它不是以我們所熟悉的角度來看待這個世界，而是從上往下看，從天地宇宙的高度來看人類社會。所以要看的懂《道德經》，我們必須採用與老子看待世界的相同角度與視野。《老子心解》一書已經先幫讀者調整好了視野，看本書即是順著老子的心在看世界。

將《道德經》翻成白話，應該沒有什麼困難，但要寫出《道德經》的意境，幾乎是不可能的任務。能夠正確表達出《道德經》意境的人，他心靈的層次與心胸的視野，要與老子一樣深、一樣寬廣，這樣才能傳神地講出老子的原意。這就好像先人登上了玉山頂，居高臨下，當下用文言及譬喻記錄了他所感受到的情境。數百年後，人們閱讀了他的文章，卻只能看到文字的表面，但仍百思不解他文字背後的眞正含意是什麼，這是因爲先人在高山上所感受到的情境，後人卻以平地上的事物來與其對應。如何追溯這本書的意境呢？道理很簡單，回到當初寫這本書時，作者所處的視野——玉山。要理解《道德經》也必須依循同樣的邏輯，越接近老子當初所處的視野，越能還原他的原意。如果老子是以玉山的高度看人間，那我們只要親自登上玉山，就不難揣摩他文字的原意。如果老子是以宇宙的高度及廣度看人間，我們的心靈視野自然也要提升到宇宙的層次，如此才能體會他的文字內涵。

本書最獨特之處，在於能跳脫平地，跳脫人世間的視野，而從宇宙的高度，往下看人世間的運作，觀察人與宇宙間的互動。通常只有學天文的人才會有這樣的職業習慣，宋教授能從文史的背景得到這樣的科學觀照，眞是非常稀有。透過宋教授的文史專業與科學關照，《老子心解》這本書忠實地還原了《道德經》的本意。

楊憲東於臺南
國立成功大學航空太空學系講座教授
二〇一三年十月

推薦序
心腦有別看古今

長久以來我時常想著，古今之人有何差別。難道古人的腦袋就比較簡單？他們糊塗的時候比清明的時候多嗎？沒有科學的思維就比較愚昧嗎？

古人到底怎麼看待自己和諸多其他生命呢？以什麼態度過自己和別人的人生呢？為什麼他們會有這樣的想法呢？有時候卻能如此謙和地抉擇或激烈的抗拒呢？

與我們這個時代的對比下，其實可能較清楚了解彼此的差異。古人的生活所接觸的事物確實比較單純，也比較親近自然的生態。由於他們不是處在講究分析為主的時代，而是處在講究融合的時代，因此他們最終會連自己的人生也融合進去，所以是一切皆是知行合一的時代。

相較之下，現代人日夜所想的、所做的、所過的生活，與自己的生命眞實意義頗多不相連，很多時候自己不知何所為而忙，不是嗎？能幹的人自以為有了知識和技能，就可以闖出一番傲人的事業來。以此為足的人生，直到身罹重症的震撼時，才會反省自己的生命意義。有些人也許會完全改變自己的人生觀，重新審視生命的意義。對於古人的遺教經典，開始有些感同身受的體悟。此時就是步上神交古人的生命歷程，而非全然沉溺在過去以科技為尚的人生道路上。

事實上現在的教育制度，給予學習者許多理性腦的訓練，卻忽略了直覺心的提升，知識務求其多，而創意卻不予注重。在各級學習環境裡匠才充斥，卻少有大師級的明師得以怡然存活。師生之傳承僅止於授業解惑，至於傳道者為何竟渾然不覺。

「道」其實是各民族文化的命脈，若不得其傳，則形同該民族的衰亡。試問中華民族的道統為何？細究之，不難發現是「超凡入聖」的道統，也就是自古以來的教育，中華民族自認為正確地修身養性，就可以從平凡人登上聖賢的生命境界，既可安身齊家亦可治國平天下，而且是人人皆可為之。多少古籍經典不都記載著古人如是努力過的經驗歷程，皆可做為後人自我提昇的寶貴參考。可是年湮代久以至於今，能眞正了解古人言語遺詞之義者少之又少，普遍出現誤解或斷代的現象也就不足為奇了。

歷代註釋老子《道德經》的版本實不下千，然而當你修身養性有所體悟以後，你會發現絕大多數《道德經》著述者所闡釋的義理，似乎未能深悟老子的心意，同時也不知道如何回歸正確的道途。讀這一類的著述，常有前後不能一以貫之的迷惑，最終是一團迷糊、不知所云的感受。

認識宋光宇教授已多年，知道他勤於學習和治學，因此屢有感悟之言相告。明顯的，他已從一般的學術思維，逐漸轉入身心感悟的詮釋，這樣的治學轉變既是人生觀的轉化，也是生命狀態的昇華，因此重新體會老子《道德經》的涵義，必有另一番解悟的境界，以此境界所詮釋的《道德經》的著述，自然有其視野可期。更何況宋教授以過往歷史學家的訓練與治學所累積的能力，當然能博覽歷史文獻，更加豐富老子《道德經》的內涵闡釋。因此他將本書名之為《老子心解》，實有其不同凡響的意思，值得修身養性之人參考閱讀。

東吳大學名譽教授　陳國鎮

推薦序

現代科學版道德經

繼《論語心解》之後，宋教授再度出擊，試圖以修心得到天啓的方式來解釋《道德經》，可以看出他的雄心，企圖跳出傳統博覽典籍、利用考據演繹的方式來解釋中國文化中的兩大經典。這次的《老子心解》更進一步，把現代科學中的一些概念，像非線性系統內出現的碎形、混沌，以及立體全相術等概念引進了《道德經》的詮釋。

我從事特異功能如手指識字、念力的研究超過二十年，也發現我們所熟知的四度時空之外還有額外的空間——信息場存在，而老子在信息場是有網站存在的，是可以經過適當的方法連上信息網站而下載相關知識。而宋教授就是利用靜心打坐、淨化腦中思慮的方法，在極度的寂靜中獲得靈感、獲得天啓的方式來解讀《道德經》。我相信古代聖王也是用這種方法來獲取知識，這使得本書更值得一讀。

《道德經》的現代譯本超過百本，而且不斷增加中。我曾經買過幾本來研讀，但是因爲本身古文底蘊不足，不但原文看不懂，解釋的文字所引用的大量文獻，讀起來也很辛苦，常常不知所云，看一段就要休息一段時間才能再看。由於事忙，一休息可能就忘了再去看。因此只有五千字的《道德經》從未看完，或了解其意。看宋教授這本新書就不同，我可以輕鬆得很快就把他讀完，尤其是用現代科學來解釋的章節更是得心應手。這使我想起了柏楊版的《資治通鑑》，白話文版拉近了歷史與現代人的聯繫。我家買了一套七十二本，沒事就可以拿出一本讀某個時代的故事，從書中學得管理人的經驗教訓，在我擔任臺大校長的時候也發揮不少作用。我相信宋教授現代科學版的《老子心解》也可以扮演類似的角色，在領導統馭、修身養性上可以讓現代人更容易親近、更容易學習，進而把《道德經》的精義發揚光大。

臺大電機系教授
李嗣涔

推薦序

王吉林教授序

其人，既難確認，而老子一書，是否爲老氏所著，亦爲學術界長期爭論之問題。莊老之間，亦有糾葛。莊源於老，抑或莊先老後，學者專家各說各話。此又成不能解決之問題。讓此問題存在，勝於強作解人。

老子莊周時代先後難以澄清。而老子、莊子所言雖異，而有相通之處則一。人不必同，而思想可以相近。

老子似神隱，又如神龍，見首不見尾。其神秘處，就在不面對世界，我自是我，外界一切，不在我心。此即老氏之哲學。今傳老子一書又和老子其人相似，言皆玄迷，而無實指。念誦千遍，只在滿足心靈，或說與老氏相通。此一境界，可稱讀書爲己。宋光宇教授所做，當即在此。

古今中外研究老氏其人及其書之著作，汗牛充棟。人人自以爲得之，然而所得何在，而又無法說明，或僅自說自語而已。

爲己之道，當讀五千言爲一種心靈享受，若自認爲己可指老氏之心，心心相通，即老氏知己。

讀書會心，先看看宋光宇教授如何心解老子。此書宋氏心解，我亦讀老子，細解我心，與宋氏同異如何。此爲序者之本意。

王吉林序於中國文化大學史學所
民國一〇二年十二月八日

自序
神交老子，用心解讀

自古以來，有關《道德經》的著述總有上千本之多。最近三十年，臺灣和大陸所出版有關《道德經》的著作也超過一百本。既然有那麼多人在註解和闡述《道德經》，那麼我爲什麼硬是要來插上一腳，湊個熱鬧呢？上海安倫教授的經歷可以作爲我的答案。

安倫教授爲浙江大學的國際學生講道家思想，在準備功課的時候，就去蒐集市面上所有已經出版有關《道德經》的著作，有一百多本。經過比對之後，他發現，這些著作可以分成兩大類，一類是文字的考訂、版本的比對，把每一句話歷代所做的詮解抄在一起。或把每一句經文古人所做的注釋抄在一起，完全不涉及內容。另一類就是藉題發揮，隨手摘出幾句《道德經》，加以演繹發揮，或者爲自己的言論做註腳。整體而言，沒有一本在講述《道德經》的內容。

有幾次應邀到某大學哲學系去考有關老莊、儒家方面的博碩士論文。論文的重點是哲學上的研究方法，套用西方的現成理論，沒有一本眞正把這些經典完全弄明白。考試只是一個形式，考試一通過，這些學生就成了研究老莊、儒家的專家，而這樣的專家是不懂老莊和論語眞正內涵的。我好生納悶，沒有讀懂這些經典，怎麼去做有關的研究呢？向文學院院長反映過這種情形，我反而成了口試場上的「公敵」。

臺灣跟大陸不同的地方是臺灣民間有一些宗教團體或有心人士，由於眞正在從事修行，他們所著述的《道德經》註解，就比較能夠掌握住《道德經》的原義。例如：民國八十九年（2000）宜蘭的道教總廟三清宮出了一本由太上道祖降筆所作的《道德經》演講集。就撇開煩瑣的考據，直接講述經文的意涵。雖然有時也會偏離主題，大體來說，還是掌握住全書的精義，值得一讀。民國九十五年（2006）一位氣功高手薛仁義先生自行出版了《道德經養生解》上下篇，完全從「養生」、「修煉」的角度來解讀。他的書就比較能契合老子的原義。在寫作過程中，得力於這兩本書的地方甚多。

民國九十九學年（2010年8月至2011年7月）我得到珍貴的一年學術休假。民國一百年（2011）元月，當我細讀印度喜瑪拉雅瑜珈的上師Swami Veda Bharati所寫的三本書：《幸福瑜珈》、《心靈瑜珈》和《拙火瑜珈》之後，大受啓發。當下就打電話給原先承辦喜瑪拉雅瑜珈課程的李憶苗小姐，她是救國團社會學院的秘書。一方面向她報告讀書的心得，另一方面也問她有沒有機會到印度Rishikesh修道院走走，親近一下Swami。她告訴我，她準備在二〇一一年的三月一日出發，去一趟印度，三月三十一日回臺北。我就這樣跟李憶苗小姐和敦煌舞的倡導人諶瓊華老師一起到印度去。見識到印度的古代文化如何保存，並發揚光大。在Rishikesh修道院住了一個月。在這一個月中，看到西歐和美國的人士絡繹不絕的到修道院來，住上三、五天，或者更久，來體驗古代印度的瑜珈課程與修行生活。我一方面認眞練習強調用心觀照身心狀態的喜瑪拉雅瑜珈，一方面也跟上師一起靜坐。這是臺灣宗教界完全做不到的事。

原先打算在三月二十六日飛回新德里，參加旅行團，去幾個著名的景點。可是，身上帶的錢有限，不夠開支，就打銷這個主意，在修道院中多停留四天。在整理行李的時候，從行李箱中，掉出那本三清宮出版的《道德經》。這本書原本是放在旅行箱中，作爲保平安之用。

那時沒有別的事可做，就打開書本，仔細閱讀，內心有一股強大的驅動力，領著我一路讀下去，碰到不知如何解讀時，只要心頭靜一下，等上幾分鐘，忽然就看懂了。於是坐在一張像是太師椅的藤椅上，腳踏在另外一張椅子上，沒有桌子，就把筆記本放在大腿上，振筆急書，不能自已。在三天的時間內，就把八十一章全部改寫成通暢的白話文。自己都不敢相信我有這種能耐。反而覺得很像太上道祖利用我的手在寫作，修改他原先所寫的《道德經》演講集。人很興奮，也不太想睡覺。這是一次奇妙的經驗。

回臺北後，就把這份譯文交給女兒亦勤打字。她對我那潦草的字跡頗多抱怨，只完成了六成。我也不急著做修改。這樣子就拖過一年多。到了二〇一三年五月，就想在暑假中把這本書改定。五月十二日去浙江普陀山佛學院參加學術研討會，把這本書的原稿帶在飛機上看，一不小心，下機時，把原稿遺落在飛機上。這回子可讓我緊張起來，於是在一星期內，把所有未完成的部分都趕工完成，以免時間一久，都忘記了。

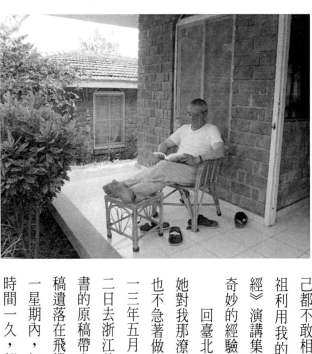

以上是這本書的寫作過程。我沒有依照正規的學術寫作流程，博引旁證，而是在安靜的狀態下，讓自己跟天地和《道德經》的作者溝通，相關的見解源源不斷的注入我的腦海中，取之不竭，用之不盡。這才感受到「文思泉湧」是什麼滋味。現在我知道，是到了該發表的時候了，方才再請萬卷樓圖書出版公司印行出版這本另一種形式的《道德經》，取一個可以代表我的寫作過程和全書意涵的書名：《老子心解》，是用我的心、我的意念和作者有所溝通之後所做的記錄。

臺灣大學李嗣涔校長曾經做過有關手指識字的實驗。在無意之中，發現人可以跟天上的神佛溝通。於是就大量檢測各種宗教符號。他的實驗顯示，受測者的功力高低決定了可以溝通的境界。當他的實驗者高橋舞小姐手上拿一個寫有「佛」的密封字條時，在高橋小姐腦中所顯示的景像是一片亮光，看不到「佛」字。而大陸北京的孫儲琳女士，功力比高橋舞高出許多倍，她所看到的景像是晶瑩剔透、光芒萬丈的琉璃山。於是，李校長就請孫儲琳女士把中國所有的聖人和神明都看一遍。老子、孔子都在天上有席位，有形像的，也就是有網站的。孫儲琳女士把她所看到的老子形像，用意念投射的一張「拍立得」底片上，過幾分鐘，撕開底片上的保護膜，就出現這張天上的老子像。這張照片的解析度不夠好，看不到清楚老子的身形和面貌，只是依稀可以看到一位老者，頭上有一個古人的髮髻，以盤坐姿勢坐在一片紅光裡面。背景的紅光也許就是所謂的宇宙生命能量。李校長把這張照片送給我，現在徵得他和孫儲琳女士、以及另一位關鍵人物沈今川教授的同意，公諸於世。

老子既然存在天上，他的著作當然也就是上天傳達給人類的寶貝。也難怪Swami Veda

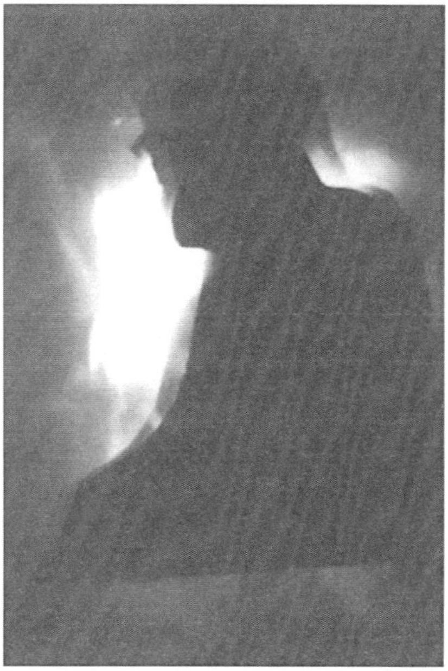

Bharati跟我說，世界上只有兩本上古時代留下來的書值得細讀，一本是印度的《奧義書》，另一本就是中國的《老子道德經》。他想要把《道德經》譯成梵文，要我把《道德經》一個字、一個字的譯成英文。當時認爲這件事不難，等到把全文弄懂，譯成白話，才發覺這是一個高難度的工作，至今仍不敢動筆，有負Swami Veda Bharati的期望。

譯完整本《道德經》，才體會到古代聖人如何從天地宇宙的高度來看人類社會。由於是從上往下看，就可以看到每一個層面的大概，也可以深入每一個細節。《道德經》這本書先談人如何能夠認識宇宙萬物，那是因爲先設立好各種有關時間、空間和人間事務的座標，人才可以有能力來認識五光十色的花花世界。接著講宇宙的基本結構是「全息」（Holograph）和「碎形」（fractal structure）。每一部分都帶有整體的信息，只要看懂一個小點，就可以知天下事。人更要在安靜不動的狀態下，運用伸縮長鏡頭的原理，用心去觀察世間各種人、地、事、物。專注在某一個小點上，就不難看透這一小點所涵蓋的整體形像。因此，古代聖人也就可以不出門而知天下事。

最早是在佛光大學生命學研究所，聽東吳大學物理系陳國鎮教授講授的「中醫學」這門課時，講到「全息」和「碎形」，已經覺得偉大之至。後來又聽成功大學航空太空學系楊憲東教授的四次演講，讓我對這兩個概念有更進一步的了解。這四次演講的題目和內容如下：一、〈運用宇宙能量　深植健康之道〉，講宇宙微波，也就是古人所說的「氣」，對人類的影響；二、〈談天人合一的時空哲學〉，深入說明時間和空間的「全息」和「碎形」，在人類歷史文化上的作用。三、〈學會放下：領略生命中的空相之美〉，講心量大小與認知時空範圍成正比，越能放下，心量越大，所能認知的時空範圍也就越大。四、〈獨立人天上　常在宇宙中〉，藉用伸縮長鏡頭的原理，說明在靜坐中，如何擺脫時空距離的限制，觀察天地宇宙萬相。他們兩位有共同之處：都對佛學有很深的造詣，也都有很好的靜坐、禪修的功力。

在陳國鎮和楊憲東兩位教授的教導下，我才能把《道德經》有關天地宇宙的部分做完美的解釋。也才認識到，二十世紀後半期的科學走向，越來越接近佛道兩家所做的描述。楊憲東教授常說，現在的太空物理的研究方向，越來越接近佛經，尤其是《華嚴經》對天地宇宙的描述。佛學、道學和科學在這個層面上是有相通之處。

過了二千五百年，歐美也有幾位非常了不起的科學家提出相似的說法。例如英國的物理學家大衛·包姆（David Bohm，1917-1992）就主張宇宙是一個全相體。發展出碎形理論的曼德博（Benoît B. Mandelbrot，1924-2010）揭開了地形、海岸線在結構上的秘密，而這個秘密來自於宇宙的特性。

佛陀和老子在二千五百年前居然就在講這個天地間最大的秘密，而我們直到一九四八年方才知道「全息」，一九七八年方才知道「碎形」。也只有陳國鎮和楊憲東兩位教授能夠用這兩個概念來解釋佛經和《道德經》中相關的篇章，從而解開古代聖人所傳留下來的秘密。我又何其有幸，能夠聆聽他們兩位的演講，明白這個天大的秘密。

在另一方面，這兩年，我又在臺北市的天帝教涵靜書院聽李子弋（維生）先生講先秦諸子。維生先生已八十八歲高齡，仍皓首窮經，整理中華文化的發展脈絡。在他的指引之下，慢慢的了解，我們所說的「道」，它的內涵一直在變。《道德經》所說的「道」是最原始的面貌。本書的解讀就是恢復「道」的本來面目。

在戰國中期，齊威王（西元前356-321年）、齊宣王（西元前320-302年）時代，國都稷門之下，集合了一批學者，發展出黃老道家，以《管子》爲代表。這時候所認識到的道，是太陽，是人心（樞言篇）。是恆常不變、週而復始的在運作。也發現「援心入道」、「援法入道」、「援心入道」。

秦國在呂不韋主政下，逐步併吞六國，統一天下指日可待。呂不韋發現秦始皇是一個身心都處在「殘障」的狀態，隨時會有意想不到的作爲。爲了防範國家悲劇的發生，就集合一批門人，研擬一套治國的規範。在秦王政主政的第八年（西元前239年），秦國的相國呂不韋集合門下賓客完成了《呂氏春秋》。這本書的目的是要規範秦王政的治國理念和行爲。把「道」看成是一個有機的運轉，一年十二個月，每個月會發生哪些天文、地理、人事的變化。要秦始皇依照天地的運行來治國。這個構想沒有得到實現的機會，秦始皇把呂不韋殺了，他辛苦建立的大帝國不久之後，也崩潰了。

《呂氏春秋》把天地的運行，人事的對應，以陰陽家的理論爲主，雜入道家、法家和儒家的思想。形成一個「天人感應」的理論和思維模式。這種精細的分析天地的運行，成爲《黃帝內經》的主要理論。

漢代初年的淮南王劉安又邀集門客及其門客李尙、蘇飛、伍被、左吳、田由等八人，共同依仿《呂氏春秋》，創作一本巨著，名爲《鴻烈》。於漢武帝建元二年（西元前139年）獻給漢武帝。劉向校書時定爲《鴻烈》，《隋書經籍志》始稱之爲《淮南子》。

在這本書中，把「道」看成是循環變動的。《易繫詞》所說「一陰一陽是謂道」，就是代表這種思想。從理路的發展來推想，《易繫辭》有可能不是孔子所作，而是西漢人的假託。

《淮南鴻烈》的中篇，記載各種神話傳說，於是爲「道家」抹上一層宗教的色彩，終而在東漢末年有太平道、天師道等教派。把道家轉向神仙，是《淮南鴻烈》的功勞。

這些變化都在一百五十年之間完成。我們今天所認識的中國傳統文化，大都出現在西漢時代。是由老子所代表的原始道家，轉化成爲《管子》和稷下學士所建構的「黃老道家」。再轉化成以陰陽家爲根底、雜收儒、法、道各家理論的《呂氏春秋》，最後才是動態的陰陽觀念，代表作就是《淮南鴻烈》。本書只是忠實的呈現原始道家的面貌。

《道德經》的主旨不止是對天地宇宙的認識，更是在訓練那些能夠依照天地運作的信息來施政的治國人才。凡是可以達到這種要求的國君，就是「聖王」。而聖王是可以藉由一系列的訓練而達成的。整本《道德經》就在講這件事。第十章說明了訓練的辦法和步驟。第十六章更說明，這些訓練的最高境界是「歸根復命」。第二十章說明一個修煉有成的人，他的身心狀態會是什麼樣子。這就是後世從事生命鍛煉的人共同遵守的原則。

這本書不是要跟已有的各種註解和演繹打筆仗，而是要提醒有心讀這本書的人，如何依照書上所說的方法，去提升自己生命的境界，達到古人所說的「聖王」的地步，而後應用在「公司治理」這件事上。管理現代大公司，乃至跨國大企業，要比上古時代的國家複雜得多，難度也大爲提升，更需要有高明的人才來經營。我們現在的教育完全不顧這種要求，只強調記憶和背誦，也就訓練不出那種能知天地運作，順勢而爲的企業經營人才。《道德經》的原旨就是在訓練和培養這種「通天地，順四時」的CEO。這才是教育的眞正目標：提升人的品質。

《道德經》這本書指引我們一條眞正有用的教育大道，願有心人一起攜手合作，共同在這條大道上邁進。則天下幸甚，萬民幸甚。

宋光宇

誌於臺北市南港四分溪畔筆耕田書房

民國一〇二年十月二十八日

附記

承佛光大學生命學研究所郭俊郁同學幫忙繪製全相術的圖，黃天平同學找尋全相照片，特此致謝。

第一章

道，可道，非常道；名，可名，非常名。
無名，天地之始。有名，萬物之母。
故常無，欲以觀其妙。常有，欲以觀其徼。
此兩者，同出而異名，同謂之玄。
玄之又玄，眾妙之門。

譯文

天地宇宙運化是有一定的規則和軌跡可尋，這些規則和軌跡，我們稱之為「道」（道）。這個道的運轉，周而復始，因此，我們可以掌握它的特性，做詳細的觀察、記錄和描述（可道）。從長久的記錄來看，天地宇宙的運行周期每一次的展現都不會相同（非常道）。

對於天下萬事萬物，我們依照既定的分類標準給予不同的名稱（名，可名）。可是卻由於我們所依憑的分類標準大小寬窄不同，每個名號的使用範疇也會不一樣，例如，我是人、是亞洲人、是東亞人、是中國人、是臺灣人、是臺北人、是南港人、是住在南港中央研究院附近的人。「我」都隸屬在每一個分類範疇中，並不衝突，但表面上看來，有不同的名稱（非常名）。

在天地開始的時候，沒有清楚的辨識標準，萬物沒有分別，呈現一片渾沌的狀態（無名，天地之始）。當人們有了意識之後，才會設立各種清楚的、可資辨別的座標來分辨天下萬物，給予不同的名稱。我們目前所認識的繽紛世界，天地萬物方才正式出現（有名，萬物之母）。

由於天地萬物的辨識都是源自我們本身的心識作用，因此當我們的心識能夠回溯到宇宙初始，所有分辨標準尚未設立的狀態，那麼我們就可以看到萬物統合的整體。萬物就是從這個統合的狀態下生化出來的（故常無，欲以觀其妙）。

當我們的意識落在各種分辨的標準時，就可以將世間各種事物的特質、特性看得清楚（常有，欲以觀其徼（ㄐㄧㄠˋ））。

「有」和「無」其實是同樣一回事，都是源自人的心識作用，只是用了不同的名稱罷了（同出而異名）。兩者的作用有如日晷，當太陽光照射在日晷上所產生的陰影（玄），會依不同時節、方位而有長短大小的變化（玄之又玄），日晷陰影就像一個奇妙的門檻，隨著它的長短變化，萬物因而生長化收藏（眾妙之門）。也就是說，天下萬物都因人的「心識」作用的變化而產生。

說明

中國人是一個務實的民族，對天地、萬物、人類有一定的認知，不曾產生「上帝創造世界」之類的神話。上古的聖賢智者利用「觀」這個辦法，看到宇宙萬物的運作有一定的規則，強名之爲「道」。也看到每一個物件有它特殊的本性，名之爲「德」。打個比方來說，「道」相當於一條可以應用在多方面的大型方程式，「德」只是一條有特定用途的小型方程式。四時的變化、國家社會的興衰是「道」的範疇，個人的才華及其展現是「德」的範疇。

有關「觀」的對象，從古書上，可以歸納出三個方向。第一，是觀察地球繞日運動所產生的各種生命變化的現象。在《尚書・虞夏書》的〈堯典〉提到，堯即帝位後，如何觀察天象和四季。

堯先任命「羲和」這個人去觀察天象，制定曆法，訂定節氣，頒布給百姓使用。又任命「羲仲」，住到東方的海邊一個叫「暘谷」的地方，恭敬的祭祀太陽，分辨春耕的次第，觀察日夜長度都均等，黃昏時可以見到鳥星的現象，審定這一天作爲「春分」。人民開始下田耕作，鳥獸也開始交尾繁殖。

再任命「羲叔」，住到南方「交趾」這個地方。要他辨別夏耘的次第，謹慎的測量白天的長短。這時候，白晝最長，黃昏時可以見到火星。依此兩種天象，審定這一天是爲「夏至」。人民都解衣下田耕作，鳥獸開始脫毛。

再任命「和仲」，住到西邊一個叫「昧谷」的地方，恭敬的舉行祭祀，送走太陽，考察秋收的成果，分別打等第。這時候，晝夜等長，黃昏時出現虛星，依此審定「秋分」在那一天。這時候，人民紛紛從高山移居平地，以避風寒。鳥獸又長出新毛。

再任命「和叔」，住到北邊一個叫「幽都」的地方，要他辨察隱伏藏蓋的東西。這時候，晝短夜長，黃昏時可以見到昴星，以此來審定那一天是「冬至」。人民都住在屋子裡，以避風寒，鳥獸長出柔細的絨毛。

堯對羲氏、和氏這兩家掌管天文曆法的史官說，一年是三百六十六天，而曆法的十二個月相加，只有三百六十五天，因此，要用建置閏月的辦法，來確定春夏秋冬四時，而成年歲。[1]

〈堯典〉的記載清楚的告訴我們，在上古時代，聖王們就非常注重對天象、曆法的觀察和記錄。

在《管子》[2]的〈樞言〉篇更提到「道就是太陽和人心」：

管子曰：「道之在天者，日也。其在人者，心也。」故曰：「有氣則生，無氣則死，生者以其氣。有名則治，無名則亂，治者以其名。」

很清楚的指出，「道」是指太陽。上古時代的人不知道是地球在繞日運行，只知道每天日出日落。春夏秋冬四時的太陽所在的位置有所不同。每一年四時變化的具體表現也不盡相同。有時暖冬如春，有時大雪紛飛；有時夏雨滂沱，有時夏雨不足。凡此等等，都在上古智者的觀察之列。經過長時間的觀察和記錄，方才會有「道，可道，非常道。」這樣的認識。

其次，古代智者又觀察到：在四時的運行中，各種動物和植物隨之展現它們的生命現象。從發芽到成長、開花、結果、凋謝、再次從土裡萌芽、成長、開花、結果，乃至凋謝。這樣的生命週期不斷的循環，於是認識到生命週期有「生、長、化、收、藏」的過程。同時，也用符號來描述生命現象，那就是天干、地支、河圖、洛書、易經、六十四卦、五運、六氣的起源。這些符號主要是在描述萬物個體的生命轉化現象。也就是所謂的「德」，或「道德」。在此，以天干和地支為例子，來說明之。

天干的「干」，是「主幹」的意思。「天干」就是「支撐天地的主幹」。《漢書》〈律曆志〉上說：

出甲於甲，奮軋於乙，明炳於丙，大盛於丁，豐楙於戊，理紀於己，斂更於庚，悉新於辛，懷妊於壬，陳揆於癸。

這是用植物的生命過程做爲描述的對象，把整個週期分成十個階段。「甲」是種子剛萌芽，頭上還戴著原來的甲殼。「乙」是種子剛發芽，開始長根的幼小狀態。「丙」是開始長出兩片葉子。「丁」就是樹幹已成形，頂上有許多葉子。「戊」就是植物長得非常茂盛。「己」就是有一定的形狀。「庚」是開花結果，植物的生長不再往上衝，而是開始收斂。「辛」就是把生命的信息貯藏到種子裡面去，儲備下一次的生命循環。「壬」就是果子成熟，完全具備孕育下一次生命發展所有的條件。「癸」就是展現生命循環不已的道理，等待下一次生命週期的再現。

商代的君王都以天干來命名，意味著他們就是支撐天地的大柱子。建國者是成湯，又叫「天乙」。在位五十九年、國力最強的君王是「武丁」。最後亡國之君是紂王，又叫「受辛」。從字面上來說，「受辛」有「完成任務、等待再起」的意思。

地支也是有同樣的意思。《史記》〈律書第三〉云：

子者，滋也。滋者，言萬物滋於下也。丑者，紐也，言陽氣在上未降，萬物厄紐，未敢出也。寅言萬物始生螾然也，故曰寅。卯之爲言茂也，言萬物茂也。辰者，言萬物之蜄也。巳者，言陽氣之已盡也。午者，陰陽交，故曰午。未者，言萬物皆成。有滋味也。申者，言陰用事，申賊萬物也，故曰申。酉者，萬物之老也，故曰酉。戌者，言萬物盡滅，故曰戌。亥者，該也。言陽氣藏於下，故該也。

「子」是種子蘊藏在地下。「丑」是還沒有得到天地的陽氣，也就生命發展的動力。「寅」是陽氣動了，生命開始發展、生長了。「卯」就是「茂」，生命發展得很茂盛。「辰」是萬物長得非常旺盛，伸長舒展。「巳」是陽氣開始衰減。「午」是陰氣開始增加，從地下往上升，跟陽氣運行的方向正好抵觸。「未」就是「味」，在陰陽兩氣相交合的狀態下，果實結成，滋味甜美。「申」就是陰氣開始強勁，萬物因而逐漸凋謝。「酉」就是「老去」。「戌」是指果熟、葉落、根枯，生命進入滅絕的狀態。「亥」就是陽氣藏於地下，等待下一次的生命週期。

古人所觀察到的是生命整體發展過程，從這些觀察中，體悟到「道」與「德」的眞相。

第三，是國家的興衰。在《六韜》的〈龍韜．文師第一〉，記載周西伯（後來的周文王）在渭水之陽，遇到呂尙（也就是民間所說的「姜太公」）時的對答。最精彩的部分就是下面這一段話：

太公曰：天下非一人之天下，乃天下之天下也。同天下之利者則得天下，擅天下之利者，則失天下。天有時，地有財，能與人共之者仁也。仁之所在，天下歸之。與人同憂同樂，同好同惡，義也。義之所在，天下赴之。凡人惡死而樂生，好德而歸利。能生利者，道也。道之所在，天下歸之。

呂尙對周西伯表示，天下是天下人的天下，不是某一個人的天下，唯有能與天下人共利的人，才可以有天下。人都是厭惡死亡，樂於活命，每個人也都希望發揮他本身具有的能力，而得到最大的利益。凡是可以讓人得到利益的，就是有「道」。有「道」的國家，天下人民都會歸附過來。反過來說，無道的國家一定會衰敗。國家不振，也就表示這個國家是「無道」。

我們檢視現在通用的《尙書》本子，就可以清楚的看它的編排用意，就是在彰顯周人是「有道的」、「得天命的」，商朝的亡國正是因爲商紂王「無道」，而失去天命，不再受到上天的眷顧。《尙書・微子篇》[3]很清楚的描述商朝末年種種亂象：全國人民和官員都沉醉不醒、官員和百姓都喜歡搶奪、偷竊、作亂；官員競相違法亂紀，所有的犯人都逍遙法外，民眾也群起仿效。國法不再有人遵守、祭祀的供品也不再依照禮法來分配、任由人民搶食、認眞做事的人會受到懲罰、逢迎拍馬的人受到重用。微子面對這樣的情形，也只能感慨的說「天毒降災荒殷邦」，是老天爺要滅亡殷商。接著在〈牧誓〉、〈洪範〉、〈康誥〉、〈酒誥〉等篇，就講述周人如何一心一德，爲建立新的國家而努力。

同樣的例子也見於《易經》。在這本經典內，〈既濟卦〉九三提到「高宗伐鬼方，三年克之。」〈未濟卦〉九四則提到「震用伐鬼方，三年有賞于大國。」是引用商王武丁的事跡，因爲是打了勝仗，所以是「吉」。而在〈歸妹卦〉，則是記述商紂王的父親小乙〈經中作「帝乙」〉把女兒嫁給西伯，也就是後來的周文王，可是她沒有生育[4]，因而解卦時說「歸妹：征；凶；無攸利。」

因此，中國古代智者所認識的「道」，不是玄虛的、不是神話的、不是虛構的，它是根據實際的天地運行、生命生化、國家興衰等三方面而得到的整體認知。老子稟承這樣的傳統，才會開宗明義的說：「道，可道，非常道；名，可名，非常名。」整本《道德經》也因而開展。

老子更指出，天地萬物在本源之處，是渾沌未明的。唯有當人設立可資認知和辨別的座標時，方才有了各種名號，萬物因此而出現。有了「名」，隨之而來的，就是功能和作用。人就是運用這種能力，建構出五彩繽紛的世界。

這種「觀」的能力是怎麼來的？是在心頭非常安靜的狀態下，才能達成。在古書中，沒有太多的史料說明古人如何從事靜坐。只有在《禮記》的〈祭義〉篇，提供一些有關於靜坐的記載。當時稱「靜坐」為「齋」，也就是有「靜心」的意思。抄錄如下：

> 致齋於內，散齋於外。齋之日：思其居處，思其笑語，思其志意，思其所樂，思其所嗜。齋三日，乃見其所為齋者。
>
> 祭之日，入室，僾然必有見乎其位；周還出戶，肅然必有聞乎其容聲；出戶而聽，愾然必有聞乎其嘆息之聲。
>
> 是故，先王之孝也，色不忘乎目，聲不絕乎耳，心志嗜欲不忘乎心。致愛則存，致愨則著[5]。著存不忘乎心，夫安得不敬乎？

現在的版本，大多把「齋」寫作「齊」，語意就不明了。這是對周天子、諸侯在祭祀先王時的要求。主祭者必需要先練習靜心七天，靜心的想所要祭祀的先王生前種種事情，包括他的容貌、嗜好、居處、意志等細節，到了祭祀之日的前三天，再加強練習三天，於是就可以看到所要祭祀的先王，不僅可以看到先王的形象，更可以聽到先王的嘆息之聲，可以感受到先王喜怒的情緒。這才是「孝」這件事的原本意涵。

既然可以在安靜中看到祭祀的對象，當然也就可以看到宇宙萬物的本源和發展。因而推論老子、孔子、列子，以及戰國時代黃老道家、稷下學士，他們都有這種功夫，方才可以在安靜的狀態下「豎窮三際，橫遍十方」，寫出這些高妙的經典。

也就是說，他們在安靜的狀態中，觀察宇宙萬物的焦聚可以隨意伸縮。可以把鏡頭拉出去（zoom-out），做遠距離的觀察，察看到萬物生命本源的籠統狀態。也可以把鏡頭拉近來（zoom-in），近距離的觀察萬物的實際狀態，看得清楚明白。這一章就是在闡述如何用心做觀察。

注釋

1 這裡所引用的版本是吳璵注譯《新譯尚書讀本》，臺北市：三民書局，1977年初版，1997年八版，頁21。

2 湯孝純注譯、李振興校閱，《新譯管子讀本》，臺北市：三民書局，1995年初版，2006年二版，頁168。

3 吳璵注譯《新譯尚書讀本》，臺北市：三民書局，1977年初版，1997年八版，頁71-73。

4 在〈歸妹卦〉「上六爻」的卦辭是「女承筐无實，士刲羊無血，無攸利。」意思是說，女人的子宮裡沒有結實，士刲羊也沒有血，是不吉的事。」在「六五爻」記載這位女子是帝乙的女兒，「帝乙歸妹，其君之袂不如其娣之袂良。」

5 致愛則存，致愨則著。愨音ㄑㄩㄝ，是「誠篤」的意思。全句的意思是由於祭祀者對於祭祀的對象（先王）有深厚的愛，先王的形象永遠留在心頭；由於感情眞實誠篤，親人的形象永遠不會磨滅。

第二章

天下皆知美之為美，斯惡矣。
皆知善之為善，斯不善矣。
有無相生，難易相成，
長短相形，高下相傾，
音聲相和，前後相隨。恆也。
是以聖人處無為之事，行不言之教；
萬物作焉而不辭，生而不有，為而不恃，功成而不居。
夫惟弗居，是以不去。

譯文

一個人要能知道天下萬物，是依賴他所設定的辨識標準。這個辨識標準是靠設立「可資對比的座標」而來。當我們知道某個東西、某個人很美的時候，一定要有一個「惡」來做對照（天下皆知美之爲美，斯惡矣）。

天下人都知道什麼樣的事爲「善」的時候，一定要有一個「不善」來做對照（皆知善之爲善，斯不善矣）。

因此「有」與「無」是相互生成的（有無相生）；「難」和「易」是相輔相成的（難易相成）；「長」和「短」是互相比較而來的（長短相形）；「高」和「下」是相互依傾、對照而來的（高下相傾）；「音」和「聲」是「人心的感受」和「因感受而發出的聲音」的相互配合（音聲相和）[1]；「前」和「後」是緊密跟隨一起出現的（前後相隨）。當「對比的座標」這個觀念一旦成立，爲大家普遍接受，言行舉措就有了規矩（恆也）。

於是治理國家的聖王明君，只要把這一件事做好，人們自然依照既定的規矩行事（是以聖人處無爲之事），不需要再多講什麼（行不言之教）。

萬事萬物都依據這個「對比」的原則而展現，不會有什麼例外（萬物作焉而不辭）。由於一切都是自然而然的運化，它的出現不要據爲己有（生而不有），即使做了一些什麼動作促使它出現，也不要認爲這些作爲是可以永久依靠的（爲而不恃）。一切萬物生化成長，都不是你的功勞（功成而不居）。正因爲你不居功，當然也就不會有什麼失落（夫惟弗居，是以不去）。

說明

老子開宗明義的說，人對宇宙萬象的認知是根源於「建立座標」。有了座標，方才可以定出東、南、西、北、上、下、左、右等空間方位；用座標設立兩個點之後，方才有了「時間」和「距離」。長短、黑白、善惡、良窳……等的描述，也都是先要設立座標，而後才有這些認知。

第二章和第三章的主旨就在說明這些座標是如何建立的。第二章的重點是對「物」的認知，以及這個原則在天地間的運化，第三章的重點是對「人」的認知，及其在治國上的應用。

注釋

1 這裡的解讀是根據《禮記》〈樂記第十九〉：凡音之起，由人心生也。人心之動，物使之然也。感於物而動，故形於聲。聲相應，故生變；變成方，謂之音；比音而樂之，及干戚羽旄，謂之樂。

第三章

不尚賢，使民不爭；
不貴難得之貨，使民不為盜；
不見可欲，使民心不亂。
是以聖人之治，虛其心，實其腹，弱其志，強其骨。
常使民無知無欲。使夫知者不敢為也。
為無為，則無不治。

譯文

國君是尊榮有賢德的人，那麼人們就爭著要表現他們的賢德能力，以獲取國君的青睞；如果國君不這麼做，那麼百姓人民也就不會有這方面的競爭（不尚賢，使民不爭）。國君不喜歡那些稀世難得的寶物，人民也就不會千方百計去盜採那些東西（不貴難得之貨，使民不爲盜）。國君不去看那些讓他動心想要得到的東西，民心也就不會跟著煩亂（不見可欲，使民心不亂）。

因此古代聖人治理天下的辦法，第一，在意識層面上，除去那些令人爭奪的對比座標（虛其心）。讓人民內在的情志、心靈方面非常充實（實其腹）。每一個人的意志或主見不要那麼強（弱其志）。增強骨氣，做事要有魄力、有決心、可以一展長材（強其骨）。

由於國君沒有強烈的對比需求，人們也就不會產生那些偷盜、爭奪之欲望（常使民無知無欲）。知道實情的人，更不敢任意妄爲（使夫知者不敢爲也）。

能夠做到這樣「無爲」的境界（爲無爲），那麼沒有什麼治理不了的國家（則無不治）。

說明

這兩章都在講如何在心裡建立認知外在世界的座標。上一章以「物」爲主，這一章以

「人」爲主。兩章合起來，告訴我們，自古以來，聖人對天文、人事的認知是兩者根本就是同一回事，受同一條生命定律所支配。只是限於古時書寫工具是竹簡，不能長篇大論。換個角度來說，正因爲在一開始的階段，古代聖王就把天地宇宙萬物和地上的人事、國之興衰等現象，綜合起來對待。中華文化一直把天、地、人合成一體，人不是獨立於天地萬物之外的東西，因而也要接受宇宙共同定律的支配。

近代國人受到西方文化帝國主義的欺壓和蒙騙，誤信二十世紀初西方列強所主張的「文化單線進化論」，把當時的西方文明當成是人類文明的頂峰，中國文化只在蠻昧的晚期。一些激進人士受到這種文化單線進化論的刺激，卑視中國傳統文化，提出種種質疑，而有民國初年以顧頡剛、錢玄同爲首惡的「疑古學派」，方才否定這些對比資料，不再理會古老的智慧，令人無限感慨。

第四章

道沖而用之，或不盈。
淵兮，似萬物之宗。
挫其銳，解其紛，和其光，同其塵。
湛兮，似，或不存。
吾不知誰之子，象帝之先。

譯文

這個「道」充斥於整個宇宙之中，形成各式各樣的東西或生物（道沖而用之），卻不會把整個宇宙塞滿（不盈）。它非常的深遠（淵兮），是一切萬物的根本（似萬物之宗）。它的特性是當我們把它拆解開來，不管是截角（挫其銳），或者是撕碎（解其紛），都可以用光去照射它的任何部分（和其光），原來的形貌就重新展現出來（同其塵）。所展現出來的形象是如此的精妙（湛兮），跟實物非常相似（似），可是卻不是實體存在的（或不存）。由於是全息的緣故，每一部分都有整體的信息，因此，不知誰是母，誰是子（吾不知誰之子），只知道在這個宇宙形成的時候就已經存在（象帝之先）。

說明

這一章自古以來就不知怎麼解讀。其實，這一章是在講老子觀察的對象，宇宙萬象的本質。在民國九十七年（2008）春季，我首次在佛光大學生命學所的「中醫學概論」課堂上，聽到任課的陳國鎮教授用「全息」的概念來解讀這一章。

這一章所描述的現象必需藉用現代物理學上有關「波動」的概念和相關的理論才能完全讀懂它。因爲只有「波動」，方才具有「充塞又不會滿盈」的特性。這是宇宙基本結構的特性。二十世紀量子物理發展出來之後，科學家方才認識到：「基本上，宇宙是由信息波所構成的。」信息波有「全息」和「碎形」的特性。本章就是在講「全息」的特性。

什麼是「全息」（Holography）？意思是說，宇宙的每一部分都含有整個宇宙的信息。這是近代科學上的一項偉大成就。

科學家爲了解決電子顯微鏡解析度不佳的困境，而發展出一種新的攝影術。最初稱之爲「波前重建術」，後來才稱之爲「全相攝影」。

通常我們拍照都是透過相機的透鏡，把物像投射在底片上面。全相攝影不用透鏡，用分光儀把同一來源的光束分成兩束。一束先照到一面鏡子，反射到另一面鏡子，再反射出來，經過一面凸鏡，照到底片上，叫做參考光（reference light）；另外一束光就直接打在物體上，反射回來，也打在同一張底片上。這兩束光就在底片上碰面，在底片上形成一些沒有規則的花紋，看上去亂亂的。（見圖一）

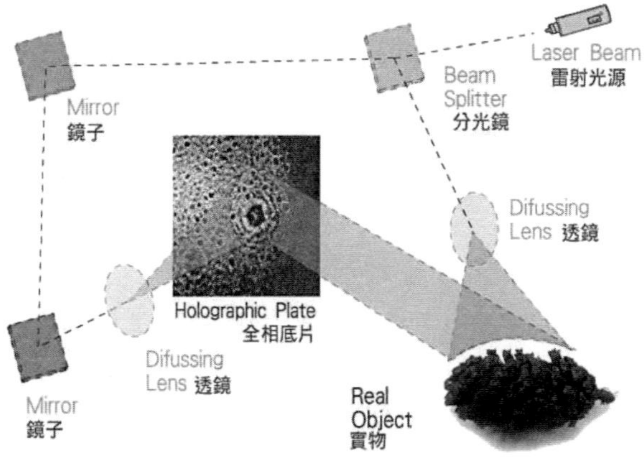

圖一

底片沖洗之後，看起來，什麼形像都看不見，只看見一些花花的、波紋狀的東西。

這種全相照片有一個特性。不管如何去割裂它，用一束參考光打在任何一張碎片上，都會出現跟原來一模一樣的影像。不會因爲撕去那個部分，就少了那個部分。普通相片就做不到。如圖二所示。

這個影像不同於平常的相片。它所記錄的東西，

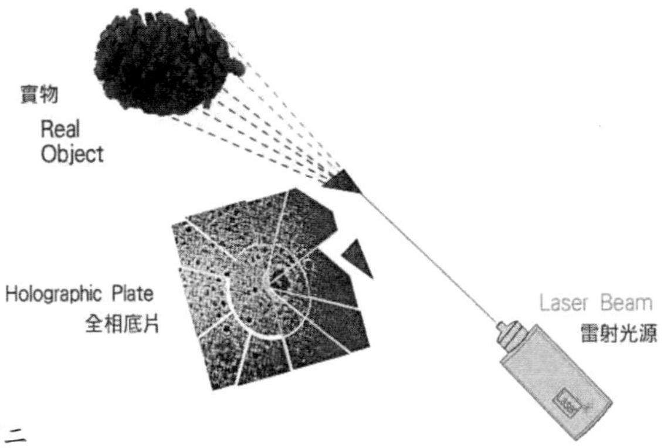

圖二

把實物的「頻率」與「相位」全部記錄下來，跟實物的信息（information）是一樣的，所以叫做「全像」。

同時，由於是立體的投影，影像非常眞實，可是卻沒有實體，空無一物。如下圖三。正因爲有這種特性，老子才會說：「湛兮，似，或不存。」

一九四八年匈牙利裔的英國電子物理學家Dennis Gabor（1900-1978）（下圖四）首先推算出全相原理，等到有了雷射光（激光）之後，就很容易做出來。這個理論得到一九七一年的諾貝爾物理獎。

在宇宙裡面，充斥著無數的信息波，也就是「道」的基本展現形式，交錯在宇宙這個空間裡面。因爲相互交錯而產生的干涉，就形成了宇宙萬象。所以宇宙萬象就是這些信息波所形成的全相。我們看到的太陽、月亮、滿天星斗，就相當於全相照片裡的斑點。

正因爲宇宙本身就是一個全相，只要會解讀，就可以讀到任何一個區塊都含有整個宇宙的信息。如何才能去解讀？這就要看個人的修爲功力了。如果個人的修爲能力足以解讀宇宙全相裡面的許多信息波，就可以了解宇宙裡面很多層面的眞相。如果個人的修爲不好，只能解讀一小部分的東西，那他對宇宙和世界所能認識的東西就少了很多。打個比方來說，如果自己的修爲程度很好，相當於一個全頻段的收音機，那麼他就可以接收調幅、

圖三　全相照片，看上去門口站了一個人，走近一看，卻沒有人，所看到的人只是一個投影。

圖四　Dennis Gabor（1900-1978）

調頻和短波的節目。如果修持功夫不夠好，只相當於一臺調幅收音機，那就無法收到調頻和短波的節目。

古人之所以能夠比我們更了解宇宙，會知道大爆炸和其他許多巧妙的地方，就是因爲宇宙是由信息波所組成的全相景像。古人又在修行中不斷的反省生命的內涵，開發自己的潛能，讓自己生命對信息的知覺變得越來越靈敏，越來越穩定。他這個個體所能接觸到的空間，就像全相照片的某個小角落，或者是一個小點，可是那個小點已經具有全部宇宙的information在裡面。所以，古人在解讀宇宙萬象的信息波時，就可以得到許許多多有關宇宙的認知。因此，古人認為每一個人都是一個小宇宙，解讀自己的生命就可以認知整個宇宙的內涵。這種認知當然不是用儀器觀測到的，而是用心性觀照所得。

從「全息」的概念來說，整個宇宙是一個巨大的全相照片。每一個區塊、每一個角落、每一個星球、每一個人、每一個生命，甚至於每一張桌子都是Holography的相位。所以當我們會讀它的時候，就可以讀出很多東西來；不會讀它的時候，只能看一個大概的形貌。

在一九八二年，法國巴黎大學的物理學教授Alain Aspect和他所領導的研究小組發現：在特定的情況下，像電子之類的次原子，同時向相反方向發射後，在運動時，能夠彼此互通訊息。不管彼此之間的距離多麼遙遠，不管它們是相隔十公尺或十萬萬公里，似乎總是知道相對一方的運動方式。當一方被影響而改變方向時，相對的另一方會同時改變方向。也就是說，這兩個受測的次原子根本是連在一起的。推而論之，宇宙萬象都是相連在一起。每一個物體都跟其他的物體緊密相連，「全息」就是萬物相連的具體表現。不但老子有這樣的認識，佛教也有同樣的認識，在《華嚴經》中說的「一即一切，一切即一。」「一沙一世界，剎那即永恆。」

這個現象的問題違反了愛因斯坦的理論：「沒有任何一種運動的速度能夠超過光速。」由於超過了光速，就等於是能夠打破時間的界線。這個駭人的可能性使一些物理學家試圖用複雜的方式解釋Aspect的發現。但是它也激發了一些更具有革命性的解釋。

從這裡來看，整個宇宙是個全相體Holography，真正的基礎是來自整個宇宙充滿了信息波。最先提出「宇宙是個全像體」概念的人叫做大衛．包姆（David Bohm 1917-1992）。他是一位很有名的英國物理學家，任職於英國倫敦大學國王學院。他和愛因斯坦做了很長一段時間的研究，在物理學界享有崇高的聲望。他有一本書就是把整個宇宙看成是一個全相照片[1]。David Bohm相信，Aspect的發現意味著客觀現實並不存在，儘管宇宙看起來具體而堅實，其實整個宇宙基本上是人類意識的投影，一個巨大而細節豐富的全相攝影相片（Hologram），一個全相式的幻象而已。老子清楚的認識到這個全相式的幻象。

注釋

1 Bohm, David,. *The Undivided Universe: An ontological interpretation of quantum theory* with B.J. Hiley, London: Routledge, 1993 (final work).

第五章

天地不仁，以萬物為芻狗；
聖人不仁，以百姓為芻狗。
天地之間，其猶橐籥[1]乎？
虛而不屈，動而愈出。
多聞數窮[2]，不如守中。

譯文

從全章的語意上來說，應該是指三件事情。第一件事是宇宙依照自己的運行原則，自然而然的在運行，不會對某些特定人群或個人有特別的照顧。該被水淹，就被水淹；該火燒山林，就會有山林大火。地球的生態就是在山林大火、山崩土石流的循環中，不斷的推陳出新，生生不息。表面上看起來，卻是天地不仁，隨意的摧殘萬物（天地不仁，以萬物爲芻狗）。聖人也是高居上位，像宇宙一樣，不會特別的去照顧什麼人，該怎麼做，就怎麼做。看上去他也是不仁，以百姓爲芻狗（聖人不仁，以百姓爲芻狗）。

第二件事情是天地之間的運作情形，就像鼓風爐那樣（天地之間，其猶橐籥乎）。中間是空的（虛而不屈），用力鼓動，就能夠產生出「氣流」來。鼓動的頻率愈高，所產生的氣流也就愈大（動而愈出）。也就是說，宇宙振盪的頻率越高，所能產生的事物萬象也就越多。（天地之間，其猶橐籥乎？虛而不屈，動而愈出）。

第三件事是「多聞數窮」，在《帛書老子》甲乙本都作「多言數窮」。意思是說，大多數的人只是要接收或發出高頻的動能。可是頻率高到某種程度時，就再也高不上去，也就到了盡頭，反而產生不利的影響。倒不如保持一定的速度和頻率，也就是「守中」，方才可長可久。也就是說，人生可以盡量的追求名利，但是有一定的局限。到達某種程度之後，再往上追求，反而會受害，不如在適當的時候，就停下來（多聞數窮，不如守中）。

說明

這一章是在講宇宙運作的特性。第一，天地宇宙的運行是它自然如此，沒有任何偏私、循情的事。在人的認知裡，「天」是有知覺的，一旦不如意時，就抱怨老天不眷顧；如意時，就說是「老天保佑」。其實上天只是自然的運行，沒有對哪個人特別照顧。老子特別指明這一點，要人們多加注意。

其次，宇宙不斷的會產生新的東西。它的運作情形很像鼓風爐，動得愈快，輸出的風力也就愈大。現代的天文物理認爲這個宇宙是一百三十億年前一次大爆炸所形成的。迄今，星球依舊生生滅滅，不斷的產生新的星體，也回收耗盡能量的星體。生物也是不斷的演化，有新的物種出現，也有舊物種的滅絕。生滅的速度是一定的。爲什麼地球上有生物？是因爲各種生存的條件剛好可以維持平衡，散失的熱和產生或從太陽所得到的熱剛好平衡，生物方才可以活得下來。這個「剛好平衡」的狀態，不就是老子所說「不如守中」嗎？

注釋

1 吳澄云：「橐籥，冶鑄之所以吹風熾火之器。」高明云：「橐是用獸皮做的鼠風主體；籥是用竹管做成，上面有吸氣和排氣的孔眼，皮囊受壓力鼓動，空氣即可從籥中吸入或排出。

2 《帛書老子》的甲乙本都作「多聞數窮」，王弼本作「多言數窮」。

第六章

谷神不死，是謂玄牝。
玄牝之門，是謂天地根。
綿綿若存，用之不勤。

譯文

人的心胸要像山谷那樣的空靈，方才可以孕育出許多有用的、好的概念來（谷神不死），它就像雌性動物那樣，不斷的生育出萬物來，稱之爲「玄牝」（是謂玄牝）。這個生育的門檻，是天地萬物生成的根本（玄牝之門，是謂天地根）。它會綿綿不絕的生育，不管如何的利用它，它都不會耗盡（綿綿若存，用之不勤）。

說明

河上公用「五行五藏」來解釋「谷神不死」[1]。明代憨山大師的解釋是「虛而能應者」，「谷神」是「道體自虛，靈妙而不可測，亙古今而長存。」是爲「玄牝」[2]。我們很難理解河上公與憨山大師的解說究竟在說些什麼。

東吳大學陳國鎮教授對這一章有獨到的認識。他把這一章解讀成：「人的意念如何產生。」在前面幾章已經指明，天地萬物的產生都是因爲人的心識有了「座標」和「對比」。那麼，這個心識作用是如何在運作呢？在山中，常可以看到雲霧在山谷裡上下奔騰，有各種變化。老子也許就是有這種認識，方才會說，人的心識要像山谷那樣，中間是空的，才能不斷的產生各種有用的意識，來認識外在的世界。

「谷」就是指「山谷」。站在山谷的上端，就可以看到雲氣、霧氣在山谷中聚合、迴旋、盪漾。因此「谷」就是指「氣」的聚合。山谷越深，所能聚集的「氣」，或者說是「信息波」，也就越多越強。「神」是指「精氣神」的「神」，人在精滿氣足的時候，就會神采飛揚。

「谷神」是說在這種精滿氣足的狀態下，人要像虛懷若谷，安靜下來。「不死」，反過來說就是「生出」。「谷神不死」則是說「人的心靈要像山谷那樣的沉靜和深邃，不斷的吸收各種信息波，在那裡聚合、迴旋和盪漾，於是就會產生出許多新的、好的、有用的念頭來。」

「玄」是指「不明白」、「黑暗的」，這裡是說「不明白爲什麼會這樣」。「牝」是指雌性的動物，廣而言之，就是「會生產出下一代來」、「給一些東西進去，就能夠生出東西來」。「玄牝」就是說「不知它的機制是什麼，就是會產生出許多新的意念，來認知外在的事物。」

「谷神不死，是謂玄牝」是說：「一個人的心靈要非常的沉靜，進入很深沉的安靜狀態時，就會接收各種信息波，在心中迴旋盪漾，不明白它運作的機制如何，可是就會產生許多新的意識，可以用來認知外在的事物。也就對應而產生新的事物和世界。」這種產生新意識及其所對應的新事物，好像有一個門檻，稱之爲「玄牝之門」，於是這個玄牝之門就成了「天地萬物根苗之所在」（天地根）。在這種情況下，個人意識上所能產生的意念，或信息波，是綿綿不絕，非常的充沛，取之不盡，用之不竭，所以說「綿綿若存，用之不勤。」這裡的「勤」可以當「盡」來解釋[3]。

注釋

1 河上公云：「谷，養也。人能養神則不死也。神，謂五藏之神也，肝藏魂，肺藏魄，心藏神，腎藏精，脾藏志。五藏俱傷，則五神去矣。」

2 憨山大師《老子道德經憨山註》，臺北市：新文豐，1973年（1993年三刷）。

3 按《淮南子》〈原道訓〉曰：「旋縣不可究，纖微而不可勤」。高亨注曰：「勤，盡也。」

第七章

天長地久。
天地所以能長且久者，以其不自生，故能長生。
是以聖人後其身而身先，外其身而身存。
不以其無私邪？故能成其私。

譯文

在一般人的觀察中，天地是恆久不變的（天長地久）。造成天地恆常不變的原因，是因爲天地不是自己在那裡生生滅滅，方才可以永久的存在（天地所以能長且久者，以其不自生，故能長生）。因此，聖人不在意自己的身體現狀是否長久，而在意他的思想言行是否可以流傳於後，是否可以超越所處的空間，傳播到遠方去（是以聖人後其身而身先，外其身而身存）。正因爲他們沒有「唯我獨有」的私心，方才可以成就他們個人的名聲（不以其無私邪？故能成其私）。

說明

「天長地久」當然涉及到「時間」和「空間」。在《道德經》作者的觀察中，天地是恆久長存的。它之所以能夠長久的存在，是因爲天地不是「自己在那裡生滅」的。當時沒有現代的哈伯望遠鏡與其他各式各樣的光譜分析儀，不知道宇宙中的星系和星球也是有生滅的。只是人生太短，看不到星球的生滅，才會覺得「天長地久」。

聖人的生存時間也會超過他的肉體存在的時間。像古代聖王所留下來的教誨到現在還能發揮作用，也就表示古代聖王的肉體受限於物質的條件，不能久存，可是他的精神體卻可以超越時空，一直流傳到現在。這個精神體不在肉體之中，卻能夠長久存在。正是因爲他原本不是爲了私人的目的，所以他的個人名聲才能長久存在。

第八章

上善若水。
水善利萬物而不爭，居眾人之所惡，故幾於道。
居善地，心善淵，與善仁，言善信，政善治，事善能，動善時。
夫唯不爭，故無尤。

譯文

最高明的善是像水一樣（上善若水）。水對萬物都有重要的貢獻，可是從來不與萬物爭名奪利（水善利萬物而不爭）。它一直居處在眾人所嫌惡的位置和處境上（居眾人之所惡）。因此就像「道」那樣（故幾於道）。「住」要找讓自己感到舒泰的地方（居善地）。心要善於沉靜得像深淵一樣（心善淵）。幫助他人時，就要把「仁」這件事做到盡善盡美的地步（與善仁）。講話要把「信」這件事做到最好的境界（言善信）。主持國家大政的人要把治國這件事做到盡善盡美（政善治）。做事情要盡其所能，把事情辦得妥妥貼貼（事善能）。採取任何行動都要把握住最佳時刻，伺機而動（動善時）。正是因爲不搶時機，不爭一時，因此就少了很多後悔、怨尤的事（夫唯不爭，故無尤）。

說明

這一章是說，做任何的事都要做到「善」的地步。最高境界的「善」，是像水一樣。對所有的事物都有利，包括人類在內，可是它一點都不會挑剔。像水一樣，把人世間的「惡」都帶走，自己卻變的渾濁不清。人們反過來卻嫌它骯髒。這樣子做，才合乎「道」。人們挑選居住的地方，一定要找到適合居處的善地，人心的思慮也要常處在像深淵一樣的安靜狀態。與人和善相處，所講的話是可以相信的。管理眾人的事也就可以達到

「善治」的狀態，所有的事情都可以完善的處理，所有的行動也都選在合適時候去做。因為是順著時勢去做，也就不會有什麼刻意的爭奪。如此一來，就沒有什麼怨尤。

第九章

持而盈之，不如其已。
揣而銳之，不可長保。
金玉滿堂，莫之能守。
富貴而驕，自遺其咎。
功遂身退，天下之道。

譯文

所持有的東西如果太多而滿溢出來，不如在適當的時候就停止（持而盈之，不如其已）。把所持有的東西磨得太尖銳，就會刺傷自己或別人，也就不會長久持有（揣而銳之，不可長保）。家中的財富太多，充滿了金玉，一定會守不住（金玉滿堂，莫之能守）。富貴又很驕傲，自己會招來災禍（富貴而驕，自遺其咎）。最好的辦法就是功成身退，在最風光的時候，轉身謝幕下臺，這才是天下至高無上的道理（功遂身退，天下之道）。

說明

上一章是做事的態度，凡事都要做到盡善盡美的地步。這一章是講處世的基本態度，那就是「知所進退」。如何才能知道適時的進退？這就要靠智慧。如何才能有智慧？就要靠一定的修煉，把自己的身心狀態調整到可以接通天地信息的狀態，就可以辦得到。下一章就講要如何練習才能達到這種通天地的「聖人」身心狀態。

第十章

載營魄抱一，能無離乎？
專氣致柔，能如嬰兒乎？
滌除玄覽，能無疵乎？
愛民治國，能無智乎？
天門開闔，能為雌乎？
明白四達，能無知乎？
生之、畜之，生而不有，長而不宰，是為玄德。

譯文

當我們把身上的消化和呼吸的系統調和成一體的時候，是身體最和諧、最舒服的時候，怎麼可以讓身上的系統、器官各行其事呢？（載營魄抱一，能無離乎？）

專心調節身上的氣，讓身體逐漸柔軟下來，能不能做到像嬰兒那樣的柔軟？（專氣致柔，能如嬰兒乎？）

把平時不去注意，或看不清楚，隱藏在意識和潛意識中的各種不良的信息，都洗滌乾淨，能不能做到沒有瑕疵的地步呢？（滌除玄覽，能無疵乎？）

專心一意的調理身上各種器官，乃至整個身體，能不能不再依循先前各種對身心狀態的認知呢？（愛民治國，能無智乎？）

當身心狀態調到最和諧的時候，頭頂的天門就會打開，可以接收天地宇宙各種有用的信息，因而不斷的有各種好的意念從心頭流露出來。（天門開闔，能為雌乎？）

在這種狀態下，可以明白天上、天下各種事情，怎能不是一個有智慧的人呢？（明白四達，能無知乎？）

到達這種境界（生之）之後，要好好的涵養它（畜之）。一旦有了這種能力，不要拿它來炫耀（生而不有），讓它不斷的茁壯、成長，不要去殘害它（長而不宰），才會成就良好、玄妙的能力（是謂玄德）。

說明

從這一章起，到二十章，老子開始講述人如何從事心性的修煉。

在這一章中，老子指出：修煉有六個步驟、階段或境界。從「調身」開始，把身體姿勢調到正常的狀態。再進入「調息」的階段，把呼吸調勻，尤其是在吐氣的時候，要慢慢的變得「細、慢、長、柔、勻、綿」，最後到「若有若無」的境界。第三步是「調心」，把「意識」和「潛意識」，乃至「無意識」中所有的雜念都去除掉，回復光明的本性。第四步是把所獲得的成果，好好的保持，內化成爲自己身心的一部分。第五步才是打開天門，與天地、宇宙合而爲一。第六步是從宇宙中，得以認識天地萬物的實情，就可以成爲一代「聖王」。到達這種境界時，還不可以拿出來炫耀，要韜光養晦，慢慢的涵養，養到身心靈全部合一，成爲新的人格之後，才可以展現高妙的能力。這一章是講一位可以治國的聖人是如何訓練成功的。這種訓練，就成爲後世的「修行」「練功」的基本綱領。

「載」是「載負、運用」等意思。「營魄抱一，能無離乎？」「營」是中醫所說的「營衛之氣」，現代醫學術語就是「消化」、「營養」和「自體防衛能力」，廣泛的指人體的消化系統。中醫的五行概念認爲「肝藏魂、肺藏魄」。因此，這裡的「魄」指的就是「肺」，或者說是「呼吸系統」。當身體的消化系統和呼吸系統合在一起，處在「抱一」的狀態，沒有特殊的感覺的時候，也就是身體覺得非常舒服的時候。只要身體有什麼不舒服，呼吸就會變得急促，胃口也會跟著變差。所以說是「能無離乎？」（怎麼能夠分開呢？）從練功的角度來說，這就是最基本的「調身」，讓身心狀態慢慢的安定下來。

專氣致柔，能如嬰兒乎？專注在呼吸這件事上，調整呼吸的頻率，讓身體慢慢的放鬆，變得柔軟，能不能夠柔軟得像剛出生的嬰兒那樣？也就是練功時所說的「調息」。

滌除玄覽，能無疵乎？「玄」是「黑」，「覽」是「看」，「玄覽」是我們身上看不到的部分，那就是指我們的「意識」和「潛意識」。這裡面有許許多多不良的殘存信息，干擾我們的日常行爲，於是要設法把這些存留在意識和潛意識層面的不良信息全都清除乾淨，不能留下任何瑕疵。也就是練功的「調心」。

愛民治國，能無智乎？「民」和「國」的關係是「國家是由人民組成的」。在這裡借用來譬喻「身體是由細胞、組織與器官所構成的」。因此，這裡所說的「民」是指「身上的每一個細胞、組織或器官」，「國」是指「整個身體」。後世的丹經大都遵循這種說法。經過調身、調息、調心三個階段的練習之後，整個人的身心狀態已經大有不同，這時候一定要好好的愛護每一個細胞、組織和器官。經過一段時間的涵養，調理身心狀態，往上提升，變得益加敏銳。這時候最重要的事是能不能不要用先前已有的知識去干擾現有的新狀態？要讓它順勢發展。

天門開闔，能爲雌乎？「天門」是指人頭頂的腦門，也是脈輪系統的「頂輪」，是人接收天地信息的主要管道。「雌」是「生育」的意思。經過前面四個階段的練習，人的頂輪就打開了，可以直接接收來自宇宙的信息，而後可以得到各種可以「利用厚生」的思想、主意來。

明白四達，能無知乎？到了這種境界，他所能認知、覺察的範圍變得非常廣大，東南西北、上下左右，過去、現在、未來都包括在他的覺知範圍之內，所謂「豎窮三際，橫遍十方」就是指這種狀況。在這種情形下，怎麼會沒有智慧呢？能到達這種地步，就是一位非常有智慧的「聖王」。

生之、畜之，生而不有，長而不宰。是爲玄德。到達這樣的境界還不夠，更需要「生之、畜之」，也就是既然有了這種能力，就要慢慢的養它，把這種能力養大、養好。剛剛具有這種能力的時候，就不要急急忙忙的拿出來炫耀，讓它慢慢的成長，不要去斫傷它。這才能到達「玄德」的境界。所謂「玄德」，就是指一個人的本質、本能上有異乎常人之處。

第十一章

三十輻共一轂，當其無，有車之用。
埏埴以為器，當其無，有器之用。
鑿户牖以為室，當其無，有室之用。
有之，以為利；無之，以為用。

譯文

車輪的構造是有一個中間的軸心，有一個外圈，中間用三十支徑木來支撐。徑木與徑木之間，徑木與軸、外圈之間是空的，這樣的車輪非常好用（三十輻共一轂，當其無，有車用之）。

一塊實心的陶土是沒有什麼用場的，當人們用轉輪法製作中空的陶器時，才會有器皿的作用（埏埴以爲器，當其無，有器之用）。

蓋房子的道理也是一樣，像在華北，人們常以黃土蓋窯洞，開了門、開了窗，就可以讓人居住，這就是窯洞有了「空」的地方，方才會有「室」的作用（鑿户牖以爲空，當其無，有室之用）。

當東西占滿的時候，是儲存了足夠的條件，可供匠人來利用（有之，以爲利）；當挖成中空的時候，方才可以呈現各種器物的特定用途（無之，以爲用）。

說明

這一章講述「空與有」、「實與虛」的共生利用關係，也是修煉功夫的基礎。任何實心的東西，它的用途非常有限。當它變成中空時，就會開創出許多新的、更有效用的功能。引伸出來的意思是說，人要像車輪、陶器一樣，不可以是實心的，必需要能放空自己，不要有太強烈的主見，隨時可以接納新的信息和知識，才可以有更大、更好的機會，來成就自己。

第十二章

五色令人目盲；
五音令人耳聾；
五味令人口爽；
馳騁田獵，令人心發狂；
難得之貨，令人行妨。
是以聖人為腹，不為目，故去彼取此。

譯文

繽紛世界讓人看了眼花撩亂（五色令人目盲），那些美好的或吵雜的聲音會讓人耳聾（五音令人耳聾），各式各樣的佳餚美食讓人垂涎三尺（五味令人口爽），到野外騎馬奔騰打獵也會令人心發狂（馳騁田獵，令人心發狂），對於那些難得的稀世珍寶更令人產生貪念，而妨礙了正常的行爲（難得之貨，令人行妨）。無論是目盲、耳聾、口爽、心發狂、行妨都是在追求物質層面的享受。而聖人教導天下人，卻是要注重追求內在心靈的成長（是以聖人爲腹），不要只注重外表（不爲目）。要有所選擇，不要盲目的追求物質享受，而是要在內在心靈上有所提升（故去彼取此）。

說明

這一章在主旨上還是延續上一章的「空」與「無」二元對立的概念，講述人的心理狀態決定了外在的行爲。這更是修煉的基本功夫。

我們的身體是處在心靈意識之中，聽憑心靈的指揮，可是整個心靈意識卻不只是限於身體，要比這個有限的物質身體來得寬闊。唯有那個純淨的、美麗的心靈才會導致一個健康的身體，反之亦然。因此，要有所選擇，側重追求純淨美麗的內在心靈，捨去那些會導致不健康的行動及其背後的認知。

同時也在勸勉世人，徵逐有限的物質享受，是不會覺得生命有意義，有快樂的生活。唯有追求心靈上的成長，做事的能力比先前強，待人接物的能力比先前好，心胸比先前開闊，領悟和理解的能力比先前強大，如此，生命才會有所提升，生命活力也比先前強韌。

第十三章

寵辱若驚。貴大患若身。

何謂寵辱？

辱為下，得之若驚，失之若驚，是謂寵辱若驚。

何謂貴大患若身？

吾所以有大患，為我有身。及我無身，吾有何患！

故貴身於天下，若可託天下。

愛以身為天下者，若可寄天下。

譯文

受寵和受辱都好像是受到驚嚇那樣（寵辱若驚）。最大的受害者是我們的身體（貴大患若身）。什麼是寵辱呢？（何謂寵辱？）受到屈辱者，通常都是居下位者（辱爲下）。在下位的人一旦受到上位者的寵信或寵愛，身心都會處於興奮狀態（得之若驚），有一天失去了上位者的寵信，身心就會處於非常沮喪、悲傷、乃至於絕望的狀態（失之若驚）。這就是「寵辱若驚」。

什麼是「貴大患若身」？（何謂貴大患若身？）我之所以患得患失，就是因爲我被這個物質的身體局限住了（爲我有身）。如果能夠超越物質身體的限制，那就不會有這些患得患失的現象（及我無身，吾有何患）。因此，一個人最大的可貴之處就是他能以天下爲己任，就可以把天下託付給他（故貴身於天下，若可託天下）。如果一個人可以顧念到整個天下，他的身心狀態也就可以承擔起天下的重責大任。因此，他就可以擔負起天下人對他的託付。（愛以身爲天下者，若可寄天下。）

說明

依舊接續上一章所揭示「有無」對立的概念來討論「身體」和「心靈」的關係。也指出要成爲一個國家的統治者，必需要對身心的感受，以及所產生的變化，有清晰的認識。

無論是受寵、受辱，都是心的意識作用，認爲受寵可以提升自己的地位，受辱就會貶抑自己的地位，才會「得之若驚，失之若驚」。會有這樣的反應，都是因爲人的意識局限在自己身體上。受寵會讓身體處於興奮狀態；受辱會讓身體處於驚恐、沮喪的狀態。

無論是興奮或沮喪，對身體而言，都是很大的禍患，會讓身體處在不健康的狀態。如果我們認識到這些情緒上的波動都源自於「心靈」的認知，而「心靈」在身之上，比身體來得大，去改變心靈的認知，就可以改變生理狀態。那麼我們又有什麼可以擔心的呢？

既然「心靈」決定了「身體」，那麼「心靈」的寬廣或狹窄同樣也決定了一個人的心胸和行爲。當一個人的「心靈」是以天下爲念的時候，他就會有能力去領導天下。他既以天下爲念，他的身體狀況就可以擔負起天下人的託付。

第十四章

視之不見，名曰夷；
聽之不聞，名曰希；
搏之不得，名曰微。
此三者不可致詰，故混而為一。
其上不皦，其下不昧。
繩繩兮不可名，復歸於無物。
是謂無狀之狀，無象之象，是謂惚恍。
迎之不見其首，隨之不見其後。
執古之道，以御今之有。
能知古始，是謂道紀。

譯文

看了，不產生意念，外物等於不存在，稱之爲「夷」（視之不見，名曰夷）。聽到聲音，不產生意念感覺，等於沒有聽到，稱之爲「希」（聽之不聞，名曰希）。碰觸到東西，不產生意念感覺，等於沒有碰到，稱之爲「微」（搏之不得，名曰微）。這三種狀態，其實沒有什麼差別，可以混成一談（此三者不可致詰，故混而爲一）。

這是「入靜」的第一步，心不受外物、外在狀況的牽引，慢慢的心也就不動。在這種心靜的狀態下，只可以看一個大的輪廓，不會把細部看得很分明（其上不皦），也不會蒙昧糊塗（其下不昧）。每一件事物也不必都給予適當的名稱（繩繩兮不可名）。在這種狀態下，具體的形象消失了，可是知道它仍存在，稱之爲「恍惚」（是謂無狀之狀，無象之象，稱之爲恍惚）。

也就是說，在靜的狀態下，認知到事物的根源本質，不是一個、一個分別的個體，於是一下子就可以明白宇宙萬象。在這種了解狀態下所看到的世間萬物，只是時間長河中的一小部分，看不到發生的源頭，也看不到後繼的發展（迎之不見其首，隨之不見其後），但是可以把握住自古以來就存在的道理，用來處理現代的事物（執古之道，以御今之有）。

於是能夠知道萬物的道理，古今相通，這就是所謂的「道的紀錄」（能知古始，是謂道紀）。

說明

第十章講述個人修煉的六個步驟，以及練成之後，如何把新獲得的能力培養長大。第十一、十二、十三等章，闡述外在的信息如何對身心狀態產生巨大的影響。要想眞正的安靜下來，最大的關鍵是對外來的刺激不產生反應。

第十四章是非常難得的珍貴記錄，清楚的記錄如何從事練心修行。主旨是講心如何對外物「不作意」，也就是心與外物之間不產生聯結。更是在談如何讓心進入「靜」的狀態，而後可以認識到宇宙萬象。孔子在《論語》〈述而第七〉所說的「默而識之」，就是在講這種心靈狀態。

整本《道德經》是在說明，一個治國的明君是如何調教、培養的。這一章明白的指出，爲君之道就是能夠從紛亂龐雜的信息海中，脫離出來，做獨立的思考和判斷。這個訓練的辦法成爲後世宗教修行的基本準則。

第十五章

古之善為道者，微妙玄通，深不可識。
夫唯不可識，故強為之容。
豫兮若冬涉川；
猶兮若畏四鄰；
儼兮其若客；
渙兮若冰之將釋；
敦兮其若樸；
曠兮其若谷；
渾兮其若濁。
孰能濁以止，靜以徐清？孰能安以久，動之徐生？
保此道者，不欲盈。夫唯不盈，故能弊不新成。

譯文

古代那些善於掌握「道」而有資格掌理國政的人，通指士大夫、諸侯以及天子，在心性方面都有很好的訓練和修養，他們的心很沉靜，可以通達各種奧妙不可測的情境，究竟有多深是沒有辦法測知的（古之善爲道者，微妙玄通，深不可識）。就是因爲不可識、不可說、不能說，爲了要描述那種狀態，也只好勉強用一些方法去形容它（夫唯不可識，故強爲之容）。

他們在處理事情的時候，不會冒然行事，一定謹慎小心，像是在冬天走過結冰的河川那樣的謹慎，一定要等到時機完全成熟，才會採取行動（豫兮若冬涉川）。他們也像「猶獸」那樣，下山時，深怕驚擾到村莊中的居民（猶兮若畏四鄰）。言行舉措非常嚴謹，好像到外地做客（儼兮其若客）。他們的心理狀態是光明開朗的，就像冰要開始溶化（渙兮若冰之將釋）。

他的心性非常敦厚，像一根尚未雕琢的良木（敦兮其若樸）。那種寬廣的優勢，就像山谷，能容受一切（曠兮其若谷）。他可以混合不同來源的意見（渾兮其若濁），像渾濁的水慢慢的沉澱，靜止下來，他的心頭就慢慢的變得清明（孰能濁以止，靜以徐清）。只要時間夠久，就會產生新的想法（孰能安以久，動之徐生）。

一直保持這個狀態（保此道者），就不會自覺盈滿（不欲盈）。唯有不自覺盈滿，就不會產生新的過錯（夫唯不盈，故能弊不新成）。

說明

從第十章起，都是在講如何從事心性的鍛煉。第十四章講修道者應對外在的榮辱褒貶不放在心上。這一章就講述一位眞正修道有成的執政者，表現出來的是個什麼樣子。

在這一章裡，非常精確的描述那些有道之士的心性狀態，是非常謹愼、謙虛。《左傳・昭公七年》、《史記・孔子世家》等史書上的記載，孔子的八世祖正考父是宋國的正卿，相繼輔佐戴公、武公、宣公三朝。每一次接到輔佐新國君的任命，主持國政的時候，都表現出非常謹愼、惶恐、小心的態度。他的鼎銘曰：「一命而僂，再命而傴，三命而俯，循牆而走，亦莫余敢侮。饘於是，粥於是，以餬其口。」第一次接獲任命的時候，是彎腰而走。第二次接到任命的時候，頭就更低，腰就更彎。第三次接到任命時，頭和腰更彎下，幾乎是趴到地上。平時的生活非常儉樸，只是夠餬口而已。這種形容充分的說明，一個眞正有修養的君子是非常謙虛的。《左傳》就預言，正考父有這樣的美德，他的後世必然會出才德兼備的聖人。後來果然出了一位聖人，就是孔子。

第十六章

致虛極，守靜篤。
萬物並作，吾以觀其復。
夫物芸芸，各歸其根。
歸根曰靜，靜曰復命。
復命曰常，知常曰明。
不知常，妄作凶。
知常容，容乃公，公乃王，
王乃天，天乃道，道乃久，沒身不殆。

譯文

當我們把自己的心念完全放鬆、放空，進入一個極爲虛靈的狀態（致虛極），然後就停在那個非常安靜的狀態（守靜篤）。在那種安靜的狀態下，可以看到萬事萬物的根源，怎麼發生、怎麼成長、怎麼發展（萬物並作）。我們可以觀察到萬事萬物週而復始的生滅週期（吾以觀其復）。芸芸萬物都有他們的根源，也都要回到那個根源（夫物芸芸，各歸其根）。

能夠回到本源，就稱之爲「靜」（歸根曰靜）。靜則能回復生命的本能活力（靜曰復命）。能夠回復生命活力，可以長生，稱之爲「常」（復命曰常）。知道如何經常回復這種生命活力，就叫做「明」（知常曰明）。

可是一般人卻不是這麼做。他們不知如何恢復生命活力，一直任意使用、輕舉妄動，就會招來災殃（不知常，妄作凶）。

能夠時常透過特定的方法回復生命活力的人，身心狀況一定安穩，可以容受天下萬物，有這種能力的人可以做到大公無私（知常容，容乃公）。能大公無私，就是可以治理天下的聖王（公乃王）。聖王能領導百姓，必定能符合上天的意旨（王乃天）。上天的意旨就是道（天乃道）。道是恆久不變的（道乃久）。終身奉行，沒有任何可以停下來休息的機會（沒身不殆）。

說明

陳國鎮教授對這一章有很精闢的解釋。這一章的釋文就是根據他的見解而寫成的。這一章更進一步的說明，修煉最高境界是什麼樣子。是心處在最安靜、空虛、靈敏的狀態。回到生命本源之處，回復生命的活力，也就可以「長生」。中國古人沒有什麼握有絕對權力的「天堂」、「上帝」等概念，而是以「長生」爲主要的目標。這種概念一直延續，到了戰國晚期，就出現了《黃帝內經》，以「長生」作爲醫療的最終訴求。而這裡所說的「長生」，不是肉體的長生，而是古人根本就認識到「生死沒有斷滅」。在第一章的「說明」裡，已經提到，周天子和諸侯，在舉行祭祀的時候，經過七天的正常靜心練習，三天的密集靜心練習，就可以看到所要祭祀的先王。因此，在周朝人的觀念中，生和死不是截然斷滅的事，而是相連續的事。在這種認知下，「長生」就有另外一層意義，那就是「生死如一」，死後還能繼續發揮他的影響力。

要成爲一個明君聖王，必需要有時常回復到生命本源的能力。在生命本源的地方，才能源源不斷的汲取生命所需的資源。後世的修行人也都以這個「復命」做爲奉行的圭臬。

第十七章

太上，不知有知；
其次親之，譽之；
其次畏之；
其次侮之。故信不足，焉有不信。
猶兮其貴言。功成事遂，百姓皆謂我自然。

譯文

凡是最高一級國君的人，都是那種心理狀態很安定的人，可以在靜定的狀態下知天下事，預做處理，化解於無形。在這種情形下，人民不會感覺到他做過什麼事，或根本不會感覺到他的存在（太上，不知有知）。

差一等的統治者，雖然不像上古聖君那樣無爲而治，可是他親近人民，以德行教化百姓，人民都讚揚他、稱頌他（其次親之，譽之）。

再次一等的國君，則是用刑罰去治理人民。人民對這種國君，只有畏懼（其次畏之）。

再下一等的國君無道無德，只會以權謀計策去愚弄人民。於是人民就會看不起他、輕侮他（其次侮之）。由於他誠信不足，人民怎麼也不會相信他（故信不足，焉有不信）。

做爲國君，其言行要像古代的猶獸走路那樣的謹愼（猶兮其貴言），國家才可以治理得井然有序，人民生活富足安樂，想要做的事都可以做成功（功成事遂）。可是老百姓並不會感覺到都是領受他的恩賜，反而會說，本來就是如此，那都是很自然的事，沒啥稀奇。這才是最好的、最上等的國君（百姓皆謂我自然）。

說明

任何修行方法，都必需要配合修行者本身的資質。這一章就在說明資質的高低，會有不同的成就表現。

最高級的統治者是在事情發生之前，就採取相關的措施，把事情化解於無形。老百姓感受不到他爲人民做了哪些事。次一等的統治者，就用獎勵的辦法來統治百姓。第三等的國君是用刑罰來規範百姓的行爲。最下一等的國君就只會奴役百姓。

在古代，有能力、能爲者都以「治國、平天下」爲職志。老子當然也不會例外，把「治國」當成報效國家的最主要手段或途徑。而「國君」能力的良窳、高低，決定了國家是否可以強盛。因此，老子在這一章，把國君能力的高低，分成四大類，並指出各類國君的行爲特色。

第十八章

大道廢，有仁義；
智慧出，有大偽；
六親不和，有孝慈；
國家昏亂，有忠臣。

譯文

在春秋末期，周代的禮樂制度已經逐漸崩壞。君位的篡奪，大臣的專政比比皆是，已經沒有哪一國的國君還能具有古代聖王的治國能力（大道廢）。當時的知識分子方才知道「仁義」的重要性（有仁義）。不再有古代聖王所具備的智慧，才會出現各種狡詐虛僞的情事（智慧出，有大僞）。

春秋時代，王位爭奪司空見慣，晉國更爲了爭王位，盡滅公族，把兄弟姊妹都殺光了。在這種手足親情不再的情形下，傳統的「孝慈」反而令人懷念（六親不和，有孝慈）。國家昏暗、政事紊亂的情形下，才會顯現出誰是眞正的忠臣（國家昏亂，有忠臣）。

說明

在前一章說明了國君依其本質特性，可以區分成四種不同的層級。回過頭來看老子所處的當時政治社會狀況，卻看到一片混亂的景象。於是，老子再次藉用「對比」的概念，來看當時的社會、政治亂象。他指出，唯有亂到極點的時候，方才可以出現「正面」的仁義、孝慈、忠臣等情事。也因爲如此，方才可以彰顯這些仁義、孝慈、忠臣等正面道德的可貴。

第十九章

絕聖棄智，民利百倍；
絕仁棄義，民復孝慈；
絕巧棄利，盜賊無有。
此三者，以為文不足，
故令有所屬。素見抱樸，少私寡欲。

譯文

把代表最高理想的「聖人」拿掉，把各種認知、思想的準繩去掉（絕聖棄智）。一旦沒有這些對比的標準，人民的生活會得到無上的好處（民利百倍）。

春秋時代許多人藉口仁義而行殘暴之實，於是主張把那些假仁假義的藉口通通去掉，人民就會回復到原先的孝慈境界（絕仁棄義，民復孝慈）。

社會上太多人用盡各種巧智，追求無窮無盡的利益，以致盜賊多有。把這些巧智利益都棄絕，社會上就不會再有盜賊（絕巧棄利，盜賊無有）。

這三者都沒有具體的事實，理想而已，不容易做到（此三者，以爲文不足，故令有所屬）。唯一實際能夠做到的是把思想單純化，回復到原始樸拙的心理狀態，減少各人的私心，降低個人的慾望（素見抱樸，少私寡慾）。那麼個人的心理會逐漸的安定下來，心才會慢慢的回復到健康的狀態。

說明

有鑒於現實社會、國家的昏亂，在這一章中提出解決的辦法。前面講過，既然我們對萬事萬物的認知都是源自於「對比」，當前所遇到的混亂現象，當然也是由於有鮮明的對比而來。巧詐是因爲有聖人、有智慧作爲對比。這裡所說的「智慧」包括先驗的各種認知、假設和條件。這些認知、假設和條件深深的影響到人們對一切事務的看法和做法。因此在這一章中就主張把這些對比的標準拿掉，把代表最高理想的聖人去掉，把代表思想的各種假設條件也拿掉。

因爲現世的統治者，藉口模仿古代聖王，制定各種新的制度，造成人民生活上的困擾，把這些藉口去掉，人民生活就會得到大利。兩百年後，韓非子在〈五蠹篇〉提出相同的主張，秦始皇照著這麼去做，就成了「焚書坑儒」的局面。所要坑殺的儒生就是滿口仁義，主張法先王大道，批評的話說得喧天價響，卻對實際農工商沒有正面助益的那些人。

春秋時代許多人藉口仁義而行殘暴之實，於是主張把仁義這件事廢掉，人民就會回復到傳統的孝慈。

社會上太多人用盡各種巧智，追求無窮無盡的利益，以致盜賊多有。把這些巧智利益都棄絕，社會上就不會再有盜賊。

這三者都沒有具體的事實，理想而已，不容易做到。唯一實際能夠做到的是把思想單純化，回復到原始樸拙的心理狀態，減少各人的私心，降低個人的慾望。那麼個人的心理會逐漸的安定下來，心才會慢慢的回復到健康的狀態。

幫忙打字的人說：由此可見，老子他終究是個「人」，有一般人的情緒，對時事不滿時，也會有一些偏激的想法，但情緒發洩過了他就會回到現實，認清理想終究是理想，太過偏激的理想是不可能實行的。

第二十章

絕學無憂，唯之於阿，相去幾何？
善之於惡，相去何若？
人之所畏，不可不畏。
荒兮，其未央哉！
眾人熙熙，如享太牢，如春登臺。
我獨泊兮其未兆；如嬰兒之未孩；乘乘兮，若無所歸。
眾人皆有餘，而我獨若遺。
我愚人之心也哉！沌沌兮。
眾人昭昭，我獨若昏。
眾人察察，我獨悶悶。
忽兮其若海，漂兮若無止。

眾人皆有以，而我獨頑且鄙。
我獨異於人，而貴食母。

譯文

停止虛僞的學習，就不會再有什麼値得憂慮的事（絕學無憂）。待人處世的時候，盡量用代表心平氣和的「唯」去對應；少用代表不耐煩或忿怒的「阿」去對應。這兩者的差別是非常大的（唯之於阿，相去幾何）。同樣的道理，善跟惡也是有很大的差異（善之於惡，相去何若）。大家都感到畏懼的事，我也會同樣感到畏懼（人之所畏，不可不畏）。

世人都不會去理會心靈這個方面，任由心靈荒蕪、雜草叢生，可是心靈才是決定外在行爲的主宰啊（荒兮，其未央哉）！

世人熙熙攘攘爲生活奔忙，那就像在祭祀結束後去爭搶牛羊豕三牲太牢祭品，或是春天來到爭相登春臺那樣的擁擠（眾人熙熙，如享太牢，如登春臺）。我卻心頭安定、無欲無爭，對這些熱鬧景象沒有任何意識（我獨泊兮其未兆），像嬰兒那樣，安靜的在母親的懷抱中，想動又不想動，沒有思欲，也沒有煩惱（如嬰兒之未孩）。一付不沾染世俗的樣子，也好像無有所歸的遊子一樣（乘乘兮，若無所歸）。

眾人徵逐名利，無所不用其極，好像有很豐沛的時間和精力（眾人皆有餘），我卻好像什麼都沒有，沒有才智，沒有體力，沒有時間（而我獨若遺），我眞像一個愚笨的人啊（我愚人之心也哉）！無知無識，心地單純光明（純純兮）。

世上眾人用盡各種辦法追求名利（眾人昭昭），我卻一付昏昏昧昧的樣子（我獨若昏）。眾人斤斤計較，察察爲明（眾人察察），像我這樣沒有心機的人就不知如何去分別和計較（我獨悶悶）。我的心寬闊得像大海，在海上漂盪，不知該流向何方（忽兮其若海，漂兮若無所止）。

世人都仗恃自己的聰明才智，以爲自己很有作爲，而我卻像一位愚頑又粗鄙的人（眾人皆有以，我獨頑且鄙）。我眞的跟眾人不一樣（我獨異於人）。因爲我的心一直在追求宇宙的大道。這個大道對我而言，就像是我的母親，我則像嬰兒一樣，不斷的吸食母親的乳汁（而貴食母）。

說明

前一章是提示三項基本原則，把鮮明的對比泯滅掉。這一章講具體的做法。就是讓自己的心頭停留在最安靜的狀態，外在的各種事物不再具有誘惑力。人由於無止境的沉迷於外在的誘惑，也就不斷的消耗身體的精氣能量，以致多病痛、精神不安。等到精氣能量的消耗低過最低的存活界線，生命也就終止了。人要有足夠的聰明才智、健康，乃至於長生，就是要像文中所描述的安靜狀態，讓身心與天地宇宙合而爲一，就像嬰兒依偎在母親懷抱中吃奶的狀態，不斷的吸取天地的能量。那種狀態就是「靜坐」。

第二十一章

孔德之容，唯道是從。
道之為物，唯恍唯惚。
忽兮恍兮，其中有象；
恍兮忽兮，其中有物。
窈兮冥兮，其中有精；
其精甚真，其中有信。
自古及今，其名不去，以閱眾甫。
吾何以知眾甫之狀哉？以此。

譯文

要想看清楚每一件東西、事物的眞相（孔德之容），惟有從「道」入手（唯道是從）。「道」這個東西的特性是捉摸不定、恍恍惚惚（道之爲物，唯恍唯惚）。在捉摸不定的、似有似無的境界中，可以看到虛擬的形象（恍兮忽兮，其中有象）在宇宙的虛擬形象中，卻蘊化出我們所看到的具體的形象（恍兮忽兮，其中有物）。它又是那麼的深邃、長遠，其中有最精華的東西，可以孕化出各種生命（窈兮冥兮，其中有精）。這種可以孕化出生命的精華東西，非常眞實，也非常可靠，可以信賴（其精甚眞，其中有信）。從古代到現在，「道」都普遍存在於萬物之中（自古及今，其名不去，以閱眾甫）。我怎麼去認知宇宙萬物的各種特性呢？就是根據這些認知啊（吾何以知眾甫之狀哉？以此）。

說明

這一章是在說明在靜坐的狀態下，人如何去觀察「道」的特質，以及「道」與萬物之間的關係。

首先，解說什麼是道？什麼是德？在第一章，我們提到「道」和「德」的分際。古代的智者、聖人在定靜的身心狀態下，看到宇宙萬物的運作有一定的規則，強名之爲「道」。也看到每一個物件有它特殊的本性，名之爲「德」。打個比方來說，「道」相當於一條可以應用在多方面的大型方程式，「德」只是一條有特定用途的小型方程式。四時的變化、國家社會的興衰是「道」的範疇，個人的才華及其展現是「德」的範疇。可是要認識具體的「德」，必需要從「道」入手。

我們可以從三個不同的特性來理解「道」究就爲何。

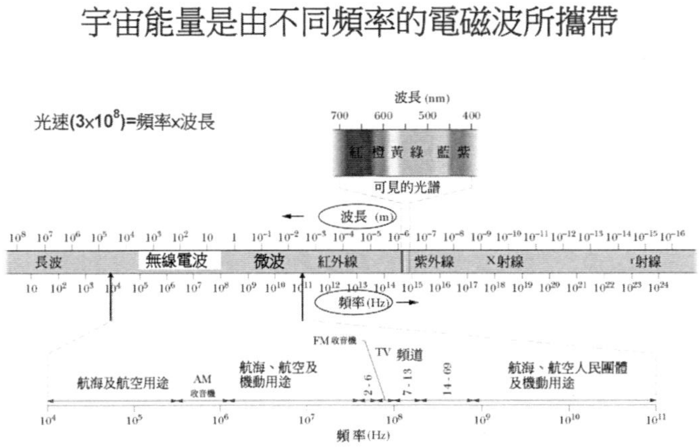

引用自楊憲東的「宇宙能量的運用」講稿投影片

第一、從生命的角度來看，「道」是指生命發生的源頭。那是萬物的根源，它的狀態是「無量清虛、巍巍不動」的光明本性。古今中外的聖者，如孔子、老子、釋迦牟尼、耶穌等，都探究到這個生命的本源。這個本源從來就不曾搖動過。因此，本章所說恍恍惚惚的「道」不會是指這個生命的源頭。

第二、天地萬物能夠生存和運作的基本原理、原則。像第四章所說的「全息」（Holography）、第二十五章所說的「碎形」（fractal structure）。明瞭這些物理現象，也就可以明白什麼是「天人合一」。這是建構萬物的原則，不會是恍恍惚惚的東西。所以也不是本章要探究的對象。

第三、從原始道家到戰國中期的黃老道家，開始強調「援氣入道」，藉由「氣」來了解「道」。

這個「氣」是什麼？它是宇宙能譜中屬於長波、低頻的那一部分。地球是太陽的衛星，受太陽的影響極大。來自宇宙和太陽的電磁能可以約略的區分成七部分：從最猛烈的γ射線，依次是X射線、紫外線、可見光、紅外線、微波、無線電波和宇宙背景輻射。越靠近微波和背景幅射，波長越長，波頻越低。這七個頻段的電磁能如下圖所示：

地球大氣層有二個窗口讓可見光和微波通過

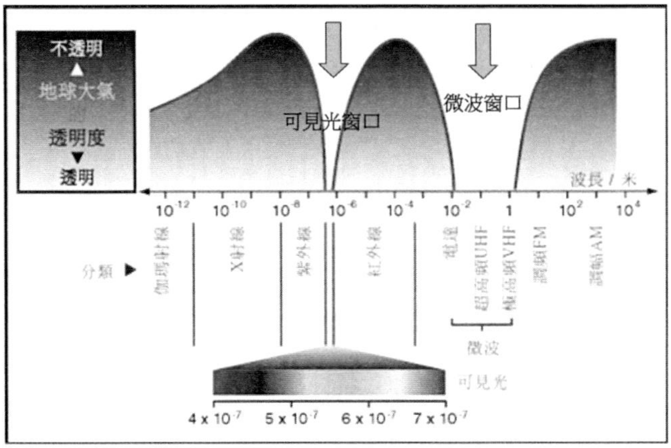

引用自楊憲東的「宇宙能量的運用」講稿投影片

其中，只有「可見光」和「微波」這兩個頻段的電磁能可以穿透大氣層，進入地球，影響地球上萬物的生存。「可見光」讓我們看到了五彩繽紛的世界。我們稱之爲「光」。在整個光譜上，只占非常狹窄的一個頻段。而「微波」是肉眼看不見的，我們稱之爲「氣」，古人寫作「炁」。這個「氣」就是溝通天與地，地球與宇宙的媒介。

微波只跟水起作用。地球上有百分之七十的面積是水，而人體也是百分之七十是水。比率相同，所具備的功能和作用也就會相同。因此，人體當然也受宇宙微波的影響。接收微波要用碟形的天線。整株植物的葉子常常長得像一個碟型天線。那些長相朝天的花的形狀根本就是碟型天線。因此，植物可以吸收來自宇宙的微波。

動物就沒有這種本領。身爲動物界一員的人當然也沒有這種本能。於是就要依靠外在的地形。凡是成爲一個碟型天線的地形，往往就是「通天的地方」，道教稱之爲「洞天福地」。像西嶽華山就是因爲它的形狀遠望像一朵花而得名。古人很早就知道有關微波本身及其與水作用的原理，凡是大自然的碟形天線地形，稱之爲「山環水抱」，也就是聚集微波的地方。古人把這種天然的碟形天線收集宇宙微波的現象，稱之爲「藏風聚氣」。修道的人一旦有辦法進入這種碟型天線的地形，浸潤在宇宙微波中，身心會經常處在非常安靜的狀態，就有辦法「溝通天地」，看懂宇宙萬物的本體與萬象。

微波是不能用肉眼來觀察的，對人來說，就是似有似無、恍恍惚惚，一旦找不到合適的工具，就接收不到。本章所說的「道」的特質，比較符合「微波」的特性。

第二十二章

曲則全，枉則直，窪則盈，弊則新，少則得，多則惑。
是以聖人抱一為天下式。
不自見，故明；
不自是，故彰；
不自伐，故有功；
不自矜，故長。
夫唯不爭，故天下莫能與之爭。
古之所謂曲則全者，豈虛言哉！
誠全而歸之。

譯文

看上去不完美的人或物，其實他的內在是相當完整美好的（曲則全）。能夠承受各種委曲的人，他的人格一定相當正直（枉則直）。能夠低聲下氣的人，他的內心一定充滿了歡喜（窪則盈）。能夠隨時去除過錯的人，常有自新的機會（弊則新）。能夠降低欲望的人，一定會有豐富的收獲（少則得）。貪求外在物欲的人，他的內心常常感到迷惘（多則惑）。聖人的心總是處在最初始的原點，不爲外界物欲所惑，也不搖動，因此可以成爲天下人的模範（是以聖人抱一爲天下式）。

不堅持己見的人，才會明白天下事（不自見，故明）。不自以爲是的人，才有可能彰顯他的德性（不自是，故彰）。不誇耀自己功勞的人，才會有眞正的成就（不自伐，故有功）。不誇大自己才華的人，才會長久的受到他人的尊敬（不自矜，故長）。正是因爲他不爭，天下就沒有人能夠跟他相爭（夫唯不爭，故天下莫能與之爭）。古人所說「曲則全」，豈是在講空話嗎？（古之所謂曲則全者，豈虛言哉）。只要他肯這麼做，內心充滿了「誠意」，天下人都將歸順過來（誠全而歸之）。

說明

上一章老子教導世人如何在靜定的狀態下，觀察宇宙萬物。這一章就教世人，如何在定靜的狀態下，觀察人世間的一切現象。老子又是利用「對比」的辦法來說明人世間的各種現象。老子特別讚揚「隱忍」、「沉默」、「不爭」、「退讓」等行爲，認爲是好的德行。凡是能做到這些要求的，一定是充滿誠意的大人物，天下人都會歸到他的身邊，接受他的領導。

第二十三章

希言自然。
故飄風不終朝，驟雨不終日。
孰為此者？天地。
天地尚不能久，而況於人乎？
故從事於道者，道者同於道；德者同於德；失者同於失。
同於道者，道亦樂得之；
同於德者，德亦樂得之；
同於失者，失亦樂得之。
信不足焉，有不信焉。

譯文

讓我們來認識大自然界的實況吧（希言自然）。由於大氣壓力的變化，大氣一直在流動，有時候會刮大風，可是不會持續很久。有時候會下驟雨，也是過不了多久就停了（故飄風不終朝，驟雨不終日）。是誰在掌控這些現象呢？是天地。（孰爲此者？天地）天地尚且不能持久，何況是人間的俗事呢？（天地尚不能久，而況於人乎？）因此，對一個潛心追求天地間眞理大道的人來說，必須即時把握機會（故從事於道者）。學道的人就要跟同樣有道的人交往（道者同於道），有德的人就會跟有同樣德性的人在一起（德者同於德）。行爲偏差的人就會跟有同樣偏差行爲的人在一起（失者同於失）。相同道行的人在一起，相互勉勵，道行也會因此而增加（同於道者，道亦樂得之）。跟相同德性的人在一起，相互勉勵，德行也會因而增進（同於德者，德亦樂得之）。跟犯相同過錯的人在一起，犯錯的技巧也會因而長進（同於失者，失亦樂得之）。對於這些現象，有些人是半信半疑（信不足焉），有些人是根本不信（有不信焉）。

說明

這一章特別重視在修行的過程中，跟哪些人交往，做朋友。「物以類聚」是古早就有的觀念，所以才有陰陽（二分法）、五行（五分法）。每一個大類就會展現出共同的特性。在周代正規的教育中，「朋友」是考察的一個大項。

在《禮記》的〈學記〉中，清楚的記載周代學校教育的內容和程序：

古之教者，家有塾，黨有庠，術有序，國有學。比年入學，中年考校。一年視離經辨志，三年視敬業樂群，五年視博習親師，七年視論學取友，謂之小成；九年知類通達，強立而不反，謂之大成。夫然後足以化民易俗，近者說服，而遠者懷之，此大學之道也。

第三年時，考比的項目是「敬業樂群」，也就是能不能跟同儕和睦相處。第六年的考比項目是「博習親師」，也就是能不能好好的跟著師父學習。第七年時考比的項目是「論學取友」，看他跟哪些人交朋友和討論學問。這三個項目都是在考察一個如何與人相處。也從交往的對象中，來品評一個人的品德、能力之高低。

老子是周代的守藏史，當然熟悉這套教育制度。因此，他在這一章特別強調「故從事於道者，道者同於道；德者同於德；失者同於失。」也就是和相同志趣的人在一起，會有相同的樂與失。一個有能爲的明君，他所交往的朋友、所任用的臣下，都是具有相同的人格特質。在這位明君聖王在位的時候，就會出現「人才鼎盛」的局面。

第二十四章

跂者不立；跨者不行。
自見者不明；自是者不彰；
自伐者無功；自矜者不長。
其在道也，曰：餘食贅行。
物或惡之，故有道者不處。

譯文

用腳尖站立是站不住、也站不久的（跂者不立）；

跨大步走路的人，是走不長、走不久、走不遠的（跨者不行）。

自我意識太強的人，是不會把事情看清楚的（自見者不明）；

自以爲是的人，是不能彰顯他的才華（自是者不彰）。

誇耀自己的功勞的人，是不會有任何成就（自伐者無功）；

誇大自己才華的人，是不會有所長進（自矜者不長）。

以上六種現象，對於眞正修行有道的聖王來說，都是多餘的，就像吃飽了還要再添加食物（餘食贅行）。萬事萬物都不喜歡這種情形（物或惡之），有道的人更是不會去做這樣的事情（故有道者不處）。

說明

接續上一章的思路，進一步的說明，一位訓練有素、資質甚佳的聖王有哪些事不會去做，不該去做，不能去做。這些禁忌的事包括自我意識太強、自以爲是、誇耀自己的功勞，誇大自己的才華。證諸後世那些以惡行著稱的皇帝，全都犯了這些禁忌。因此，要想成爲一個卓越的領導人，必需要切記老子的教誨。

第二十五章

有物混成，先天地生。
寂兮寥兮，獨立不改，周行而不殆，可以為天下母。
吾不知其名，字之曰道，強為之名曰大。
大曰逝，逝曰遠，遠曰反。
故道大，天大，地大，人亦大。
域中有四大，而人居其一焉。
人法地，地法天，天法道，道法自然。

譯文

有一個東西渾然天成（有物混成）。天地尚未形成之前，它就已經存在（先天地生）。這個東西是唯一的，因此它很孤單、很寂寞（寂兮寥兮），完全單獨在運作，從來不曾發生改變（獨立而不改）。從宇宙形成以來，它一直在運作，遍及萬物、從來不曾停止過（周行而不殆），萬事萬物都是因它的運作而產生（可以爲天下母）。我不知道應該如何去稱呼它，姑且稱之爲「道」（吾不知其名，字之曰道）。從總體現象來說，它的特徵就是「複雜」（強爲之名曰大）。當它經過若干次的複製，形狀變得複雜之後，就跟原始的形狀不一樣了（大曰逝）。越來越不一樣，跟原始形態的差異越來越大、越來越遠（逝曰遠）。可是奇妙的事是當它的形態經過多次的複製後，最初的形態卻又出現了（遠曰反）。

因此，在天地宇宙中，道的變化是非常複雜的（故道大）、天也複雜（天大）、地上所有的事物都複雜（地大）、人身也複雜（人亦大）。在天地宇宙之中，四方面都很複雜，人是其中的一環（域中有四大，而人居其一焉）。人的複雜是根據地上的萬物而來（人法地）。地上萬物是效法「天」而來（地法天）。天的複雜是根據「道」而來（天法道）。道的複雜是它自己不斷的在那裡自我複製（道法自然）。

說明

從上下文的文氣來看，這一章非常突兀。在文意上，完全不連貫。前面各章都在講人世的修行現象。在這裡突然插入一章，來講宇宙的結構機制。下一章又回頭去講心性上的問題。顯然在竹簡時期，發生了「錯簡」的現象。這一章最合適的位置是放在第四章之後。

第四章是在講宇宙的「全息」特性。任何一個小部分，都包含了整個宇宙的信息。只要能看懂或讀懂某一個小點所蘊藏的信息，就可以看懂、讀懂整體的內容。

在這一章中，說明宇宙起源於最初的一個簡單的動作，經過無數次的自我複製，外形才變得非常複雜。體積也跟著縮小。這種現象稱之爲「碎形結構」（fractal structure）。

一九七五年，一位波蘭出生，美國耶魯大學的教授Benoit Mendelbrot（1924-2010），首先提出碎形幾何（fractal geomantry）的概念。也是第一個人運用電腦畫出碎形圖案的，稱之爲「Mendelbrot set」。他以砂粒在顯微鏡下所看到的形像爲例，來說明物體形狀是「重重無盡」，如佛教《華嚴經》上所說：「沙粒中復有內海，內海中復有沙粒」。原圖是用撞針式印表機所印，不甚清楚。後來經過上

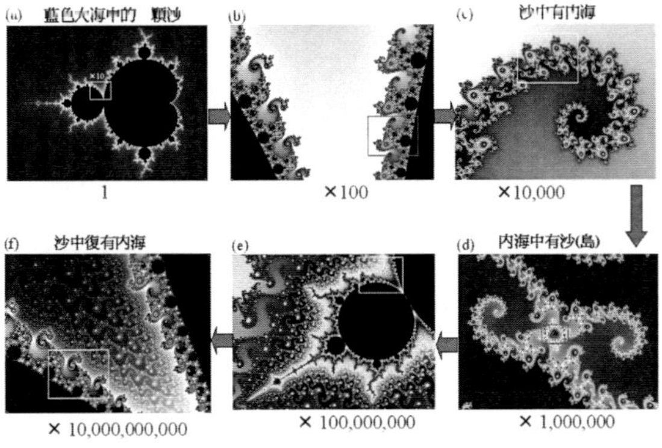

色，就變得非常壯麗可觀。如前頁圖所示：

圖(a)的小甲蟲是一粒海砂的形狀。取其中方框的部分，放大一百倍，得到(b)拉鍊形狀。再取其中一部分，放大一百倍，得到(c)，呈海馬形狀。再取其中的一部分，放大一百倍，得到(d)，出現海星的形狀，中間又出現那隻小甲蟲的形狀。把那個新出現的小甲蟲放大一百倍，原形就回來了。再取一小部分，又可以回到(b)的拉練狀態。這種現象告訴我們，天地萬物的形狀是來自一個最原始的圖形。經過不斷的自我複製，就出現完全不同的形狀，形成了我們肉眼所看到的繽紛世界。

在碎形結構中，有兩個重要的特性：第一，是「尺度無關性」，不管尺度的大小，同樣的形狀會不斷的重複出現。第二，是「自我相似性」。同樣的一個圖形，在不斷的自我複製。下面一張圖，更可以說明這兩個特性。

有一條線，在三分之一的地方打折，做成正三角形。以後，每一段線條都依照這一個方式，在三分之一地方打折。經過幾次的打折，就跟原來的圖形完全不一樣了。經過六次，原先的簡單圖形不見了，代之而起的是一個非常複雜的圖形。可是，仔細去看，每一個小節內，還是保持著最原始的簡單圖形。當我們心頭安靜時，仔細去觀察這個圖形每個階段的圖形，就可以完全理解這一章在說什麼。

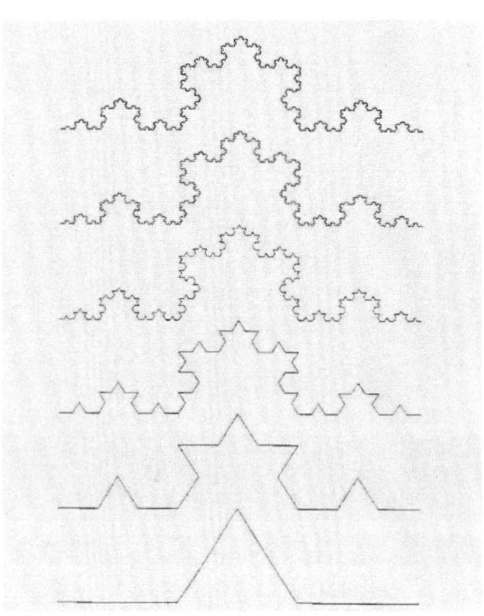

這「碎形結構」是一九八〇年代方才發展出來的科學新知。也就難怪一般讀《老子》的人，惑於表面的文字，不知如何正確的去解讀它，以致眾說紛紜，莫一是衷。

第二十六章

重為輕根，靜為躁君。
是以君子終日行不離輜重。
雖有榮觀，燕處超然。
奈何萬乘之王，而以身輕天下？
輕則失臣，躁則失君。

譯文

心性穩重是輕舉妄動的根本（重爲輕根）；心頭清靜安定是心浮氣躁的主人（靜爲躁君）。所以一個有修養的君子，每天的生活、日常的行爲都要處於穩重、清靜、安定的狀態下（是以君子終日行不離輜重）。儘管身分尊榮，地位崇高，出入前呼後擁，他還是要內心安然、寧靜，不受外物的影響（雖有榮觀，燕處超然）。

可是那些擁有萬乘兵車的大國，國君的心性都不安祥寧靜，而是處在輕浮妄動的狀況下來治理天下（奈何萬乘之王，而以身輕天下）。輕浮的國君，就不會有好的臣屬（輕則失臣）；暴躁的國君，更會因此而失去他的王位（躁則失君）。

說明

這一章沿續第二十二章的概念而來。主旨是在講一個國君應該要有什麼樣的處事態度。這一章所講的輕重、靜躁、輜重都是指心理狀態。強調一個國君一定要時時處在穩重、安靜的心理狀態，不要隨著外界的影響而動搖。可是當時的國君和主政者都不注意這種心靈的要求，隨著外界的信息刺激而妄下決定，以致錯誤百出，危害到國家的生存，甚至有亡國的可能。這種概念應用到現代社會，也是非常合適和貼切。

第二十七章

善行無轍迹，
善言無瑕讁；
善數不用籌策；
善閉無關楗而不可開，
善結無繩約而不可解。
是以聖人常善救人，故無棄人；
常善救物，故無棄物。是謂襲明。
故善人者，不善人之師；
不善人者，善人之資。
不貴其師，不愛其資，
雖智，大迷，是謂要妙。

譯文

一個很會走路的人是不會留下走過的痕跡（善行無轍迹）。一個很會講話的人是不會有語病的（善言無瑕謫）。一個很會計數的人是不需要用任何計算的工具（善數不用籌策）。一道可以封閉得很好的門是看不出它的關鍵，而且不容易打得開（善閉無關楗而不可開）。一個打得很好的結是讓人可以看到結繩的位置，可是卻不能讓人輕易的解開（善結無繩約而不可解）。

因此，一位聖人最擅長的事是救度眾生，也就沒有任何會讓他放棄的人（是以聖人常善救人，故無棄人）。而因爲他擅長把物質做最好的利用，也就沒有可以讓他丟棄的東西（常善救物，故無棄物）。這種情形稱之爲「襲明」，一直保持在「明」的狀態（是謂襲明）。

因此，很會教導他人爲善的人是那些不擅長教人爲善的人的老師（故善人者，不善人之師）。反過來說，不擅於教人的人是擅長教人者的資源（不善人者，善人之資）。不好好珍惜爲善者的老師（不貴其師），不去愛護那些可以利用的資源（不愛其資），雖然他有很高的智慧，也一樣是個糊塗蟲，這才是人世上最大的秘密。（雖智，大迷，是謂要妙。）

說明

二十一章指出爲君者的一些負面行爲。在這一章就闡述一位明君的行爲會是如何。

就字面上來說，是在描述修行者的心性狀態。可是就《道德經》最初的編輯用意來說，是在講一位有道明君如何處事和治國。一位有道明君會全面的照顧天下每一個臣民。教導每一個子民向善，成爲有用的人。不會放棄任何一個臣民。因爲人與人之間的互動不是單方面的，很會教導他人爲善的明君聖王，當然是那些不擅長教人爲善的人的老師。反過來說，不擅於教人的人是擅長教人者的資源。兩者是相輔相成的，不可缺少任何一方。

第二十八章

知其雄，守其雌，為天下谿。

為天下谿，常德不忒，復歸於嬰兒

知其白，守其黑，為天下式。

為天下式，常德不忒，復歸於無極。

知其榮，守其辱，為天下谷。

為天下谷，常德乃足，復歸於樸。

樸散則為器。聖人用之，則為官長。故大制不割。

譯文

一個人行事風格表現出雄健剛強的樣子，如果還可以有溫和柔順的另一面，那麼他就可以像山澗溪流那樣，不斷的吸收來自各方的流水，終而成爲眾流之所歸（知其雄，守其雌，爲天下谿）。

既然可以成爲眾流之所歸，他更要守住原有的能力和德行。最高的境界就是回復到像嬰兒那樣的純眞（爲天下谿，常德不忒，復歸於嬰兒）。

一個完全知道什麼是「潔淨光明」的人，他反而會像一個昏昧無知的傻人，因爲他有高深的內在修養，能夠與世人打成一片，又沒有高傲的樣子，這才可以成爲天下人的榜樣。（知其白，守其黑，爲天下式）

一個可以成爲天下人之榜樣的人，他的德行一定不會有什麼差錯。如何做到這種沒有差錯呢？就是他的心靈能夠回復到生命最原始、渾然忘我的狀態（爲天下式，常德不忒，復歸於無極）。

一個知道什麼是眞正榮耀的人，反而會更加謙虛，處在卑下的位置。因爲他就會像山谷那樣，能夠容受一切，使人自然而然的親近、歸服（知其榮，守其辱，爲天下谷）。

能夠達到爲天下人所依歸的境界時，他的德行就會更加圓滿，像是一根木頭在沒有被分割的原始狀態（爲天下谷，常德乃足，復歸於樸）。原始狀態的木頭，經過切割琢磨，就成爲有固定用途的器具（樸散則爲器）。

古代的聖王就是專門挑選這種看上去樸拙的能人，任命他們出任各種官職，管理眾人之事（聖人用之，則爲官長）。

因此，大有爲者必需要守住樸實無華的本質，不願意有如木材被分割做成器具之後，那種充滿裝飾，又帶幾分虛僞的外表（故大制不割）。

說明

這一章專門講述成爲「聖王明君」的一些基本特質。

既然不要，也不能放棄任何一個臣民，那麼這位明君聖王的人格特質又該如何？這一章就在回答這個問題。最大的人格特質是要像山谿那樣的深邃、長遠又能容納來自各方的信息、資訊、人才和資源。這種人的心性是經常可以回復到生命最原始、渾然忘我的狀態。看上去像嬰兒一樣的純潔、純眞。一個知道什麼是眞正榮耀的人，反而會更加謙虛，處在卑下的位置。因爲他就會像山谷那樣，能夠容受一切，使人自然而然的親近、歸服。

第二十九章

將欲取天下而為之，吾見其不得已。
天下神器，不可為也。為者敗之，執者失之。
故物或行或隨；或歔或吹；或強或羸；或挫或隳。
是以聖人去甚，去奢，去泰。

譯文

爲了私心欲望而去爭奪天下，我看是不可能如願的（將欲取天下而爲之，吾見其不得已）。因爲「天下」是很神聖的東西，不是憑著粗暴的武力，就可以控制它，也不是自以爲聰明的人，就可以占有它的（天下神器，不可爲也）。

所有想要用武力去控制天下的人，最後都會嚐到失敗的苦果（爲者敗之）。想要爲了滿足私慾而去占有天下的人，最後都守不住（執者失之）。

人雖是萬物之靈，可是仍然受「物」的原則所制約。譬如說，當你想要走在人群的前頭時，總是會有人走在你的前面；當你想要走在後面的時候，總是還有人跟隨在你的後面（故物或行或隨）。當你想要張口慢慢呼一口氣的時候，就會有一陣風把這口氣吹散（或歔或吹）。當你要成爲最強的人時，總是會有人比你更強（或強或羸）。當你想要背負重物的時候，撐不了多久你就累了，只好把所背負的東西放下來（或挫或隳）。

聖人知道這個基本的道理，因此，他不會去做超過他的能力所能負荷的事，也不會去做任何誇大不實的事，更不想去做不必要的事（是以聖人去甚，去奢，去泰）。

說明

在老子生存的時代，齊桓公「九合諸侯，一匡天下」的功績，已經廣泛的流傳，後來的大國，如晉、楚、秦、宋等國的國君，群起仿效。可是都以失敗下場。老子探討他們失敗的原因，都是因爲他們有私心。所以，老子告誡那些有政治野心，想要稱霸天下的君主，必需要「不去做超過自己的能力所能負荷的事，也不去做任何誇大不實的事，更不去做不必要的事。」

第三十章

以道佐人主者，不以兵強天下。其事好還。
師之所處，荊棘生焉。大軍之後，必有凶年。
善有果而已，不敢以取強。
果而勿矜，果而勿伐，果而勿驕。果而不得已，果而勿強。
物壯則老，是謂不道，不道早已。

譯文

依照「道」的原則來輔佐國君的卿大夫們，是不會依仗兵強馬壯，強行去稱霸天下（以道佐人主者，不以兵強天下）。因爲窮兵黷武去征伐其他的國家，一旦有機會，對方也會用同樣的辦法來報復。軍隊所過之處，田地莊稼都遭到破壞，荊棘雜草叢生（師之所處，荊棘生焉）。兩軍激烈開戰之後，人民流離失所，田地穀物不生，接著就有糧食供應不足、疫癘流行的凶年（大軍之後，必有凶年）。

因此，一位善於用兵的國君，只是在不得已的情況下，討伐亂臣賊子，平息亂世，方才偶而用兵。不敢仗恃自己的兵力，去侵凌其他國家（善有果而已，不敢以取強）。

善於用兵的國君等到戰事平息之後，就不再炫耀自己的兵力（果而勿矜），也不會去誇耀自己的戰功（果而勿伐），更不會用勝利者的態度去對待戰敗者（果而勿驕）。他明瞭，發動戰爭是不得已的事，當然也就不會去逞強爭天下了（果而不得已，果而勿強）。

萬物到了壯盛的階段，接著就是衰老（物壯則老）。強盛的兵容軍備，就是衰亡的開始，不合乎「道」的原則。既然不合乎道，那就趕快停止好強、好勝、好戰之心（物壯則老，是謂不道，不道早已）。

說明

從這一章起，《道德經》進入有關軍事戰爭的主題。

到了春秋末年，滅人之國是常見的事。這些事蹟都記載在《左傳》和《國語》這兩本書中。像楚國圍宋，讓宋國陷入「易子而食，析骸而炊」的慘境。這些慘烈的戰事每一年都發生。因此，人民的生活非常困苦。老子認爲，打仗是不得已的事。所付出的代價非常大，不能輕易的發動戰事。

第三十一章

夫佳兵者，不祥之器，物或惡之，故有道者不處。
君子居則貴左，用兵則貴右。
兵者，不祥之器，非君子之器。
不得已而用之，恬淡為上。
勝而不美，而美之者，是樂殺人。
夫樂殺人者，不可以得志於天下。
吉事尚左，凶事尚右。
偏將軍居左，上將軍居右，言以喪禮處之。
殺人之眾，以悲哀泣之，戰勝則以喪禮處之。

譯文

最好的軍事裝備、壯盛的軍容，是不祥的東西（夫佳兵者，不祥之器）。任何不祥的東西都是人們所厭惡的（物或惡之），因此之故，那些有道明君是不會去做這種事（故有道者不處）。

依周代的禮制，左邊是尊貴的、吉祥的。因此君子的名號、位置以「左」爲尙，右邊是低下的、不吉祥的。戰爭用兵的時候，卻是以「右」爲尙（君子居則貴左，用兵則貴右）。軍事行動是不祥的東西，不是君子應有的東西（兵者，不祥之器，非君子之器）。

軍事行動是在萬不得的情形下，偶一用之（不得已而用之）。戰事的發生取決於國君的意念，國君的心念若能恬淡平靜，就不會有征伐他國的想法，這才是上等（恬淡爲上）。打勝仗不是一件「美」的事（勝而不美），把打勝仗看成是一件美事者，他一定是喜歡殺人（而美之者，是樂殺人）。這種喜歡殺人的人，絕不可讓他得志於天下。（夫樂殺人者，不可得志於天下）。

吉事以左爲尙，凶事以右爲尙（事尚左，凶事尚右）。當時的制度卻反其道而行，地位低的偏將軍站在左邊，地位高的上將軍站在右邊，這是在執行喪禮啊（偏將軍處左，上將軍處右，言以喪禮處之）！戰事發生一定殺人眾多，用悲哀的心情來爲他哭泣。戰勝了，就用喪禮來對待之（殺人眾多，以悲哀泣之，戰勝則以喪禮處之）。

說明

由於戰爭是非常慘烈的事，死傷無數，因此，老子把戰事看成是在進行喪禮。他認爲，上等的國君由於心境恬淡無爲，是不會輕易發動戰事。他特別強調，絕對不可以讓一個喜歡殺人的人去當國君，不可讓他得志於天下。

第三十二章

道常無名。
樸雖小，天下莫敢臣。
侯王若能守，萬物將自賓。
天地相合，以降甘露，人莫之令而自均。
始制有名，名亦既有，夫亦將知止，知止所以不殆。
譬道之在天下，猶川谷之於江海。

（樸雖小：舊有的本子沒有這句。據《河上公注本》、馬王堆《老子乙》增補之。）

譯文

宇宙的大道，通常是沒辦法給予特定的名稱（道常無名），可是它卻蘊化了天地萬物。打個比方來說，還沒有被木匠切割的原木，雖然微小，可是沒有人敢看不起它（樸雖小，天下不敢臣）。因爲一旦被切割，可以做成各種不同的器物，每種器物會有各自的名稱，萬物就是如此化生出來。道的情形亦復如此。

侯王如果能夠守住這個道，天下萬物都會自動的投效過來（侯王若能守，萬物將自賓）。不但是人，連自然界的雨露也會相應。當天地的運化合於道的時候，就會適時的降下甘露滋養萬物的生長，不是有人命令它們這麼做，是配合天地之道而自然發生（天地相合，以降甘露，人莫之令而自均）。

在國家開創的時候，必須制定一些名器、爵位，來酬賞有功的人，幫忙治理天下。當這些名器、爵位設置妥當，共同治理國政後，國家就會邁上正軌，和平運作，人民可以安定下來，也就不會有什麼禍患了（始制有名，名亦既有，夫亦將知止，知止所以不殆）。

設官治國就像「道」與天下萬物的對應關係，它像大海那樣，讓各地山谷裡的河川，最終都投入大海的懷抱（譬道之在天下，猶川谷之於江海）。

說明

老子輕輕的碰觸一下有關軍事、戰爭的主題之後，立刻又回到「聖王明君」這個主題，繼續發表他的意見。既然反對當時喜歡吞併小國的國君，那麼，理想中的國君應該怎樣做才好呢？凡是可以遵守天地之間的「道」而運作的國君，唯有他方才可以調和天地的陰陽，讓雨露順暢的降下來，滋養天地萬物，讓人民可以幸福的過日子。

第三十三章

知人者智，自知者明。
勝人者有力，自勝者強。
知足者富。強行者有志。
不失其所者久。死而不亡者壽。

譯文

能夠洞察人的善惡賢愚，分辨是非對錯，這是智慧的表現（知人者智）。

能夠反省自己的過錯，知道自己哪些事做對了，或做錯了，這就是「明」（自知者明）。

能夠贏過別人、超越別人，表示力量強大，本領高強（勝人者有力）。

只有能克制自己的慾望，讓自己處於平和的狀態，才是最堅強的人（自勝者強）。

能夠知足、不再貪求的人，才是最富有的（知足者富）。

能夠堅定不移，完成困難任務的人，是有志向的人（強行者有志）。

不會失去他的田園家室，乃至於宗廟社稷的人，稱之爲「久」（不失其所者久）。

對社稷、國家、人民有功，在他亡故之後，依舊具有影響力，讓百姓懷念他，這種人稱之爲「壽」，眞正的永生（死而不亡者壽）。

說明

在前面的第二十八章，老子指出理想的國君應該有哪些人格特質。在這一章，就來說明，要想成爲聖王明君。該怎麼去做。老子指出：要能夠洞察臣下的善惡賢愚，要能夠反省自己的過錯，不能依憑蠻力。要能克制自己的欲望。知足常樂，更要有堅強的意志力。這些要求根本就是「修道」、「爲人」的基本要求。

第三十四章

大道汎兮，其可左右。
萬物恃之以生，而不辭，功成不有。
愛養萬物而不為主。
常無欲，可名於小；
萬物歸之，而不為主，可名為大。
是以聖人終不為大，故能成其大。

譯文

大道是無處不在的，對天地之間的任何東西而言，是左右逢源、隨時隨地都可以得到大道的滋養（大道汎兮，其可左右）。萬物都是依恃大道的滋養而生長，它從來不曾推辭過，也不居功勞（萬物恃之以生，而不辭，功成不有）。

大道愛護萬物、養育萬物，可是從來不主宰萬物的發展（愛養萬物而不爲主）。大道沒有任何要求萬物有所回報的慾望，可以說它好像很微小（常無欲，可名於小）。萬物的生、長、化、收、藏等生命歷程都依循大道而次第進行，全都在它的掌握之中，可是它從來不以主人自居，因此可以名爲大（萬物歸之，而不爲主，可名於大）。

所以說，聖人從來不以「大」自居，更能成就他的偉大（是以聖人終不爲大，故能成其大）。

說明

既然回到「修道」這條思路上，老子更進一步的說明，聖人如何從事他的修道課業。首先是要了解「大道」的特性，然後依照「道」的特性，去做他的人生功課。

第三十五章

執大象，天下往。
往而不害，安平泰。
樂與餌，過客止。
道之出口，淡乎其無味，
視之不足見，
聽之不足聞，
用之不可既。

譯文

大道是沒有形象的，正因如此沒有具體的形象，所以可以包容天地萬物（執大象）。如果人心可以像大道那樣的寬廣，無所不包、無所不容，那麼天下人都將會歸從大道（天下往）。天下人都歸從大道，能彼此互助，沒有衝突（往而不害），表示天下即將太平安泰了（安平泰）。

天下太平之後，人民安享福樂。但是不要過分的享樂，因爲享受就像作客一樣，時間短暫（樂與餌，過客止）。

道是瀰漫在虛空之中，無形無象，只是淡淡的存在，品嚐不出半點味道來（道之出口，淡乎其無味）。因爲它無形無象，所以看不到，也感覺不到（視之不足見，聽之不足聞）。但是用起來，卻從來不曾枯竭過（用之不可既）。

說明

老子繼續說明「大道」的特性，是無形無象，可以包容天下萬物。如果人心也能像大道那樣的「無私」與「包容」，天下人都會從歸於大道，到那時候，天下就會眞正的平安幸福了。

第三十六章

將欲歙之，必固張之；
將欲弱之，必固強之；
將欲廢之，必固興之；
將欲奪之，必固與之。
是謂微明。
柔勝剛，弱勝強，
魚不可脫於淵，
國之利器，不可以示人。

譯文

像月亮的變化，在要開始缺損的時候，必定先會達到漲滿的地步（將欲歙之，必固張之）。花草的生長也是一樣的，必然是先到達盛開的階段，才會轉向凋謝（將欲弱之，必固強之）。任何事物在它邁向衰敗之前，必然先到達興盛的地步（將欲廢之，必固興之）。就像釣魚一樣，在奪取牠的生命之前，一定先要餵牠魚餌（將欲奪之，必固與之）。這種情形，稱之爲「微明」（是謂微明）。

不可以小看那些外表顯得柔弱的人，其實柔弱的人內心比較安定，所以生存得比較安逸久遠，剛強的人卻做不到這一點（柔勝剛，弱勝強）。魚是不可脫離水（魚不可脫於淵），國家的利器不可隨便向人展示（國之利器，不可以示人）。

說明

這一章用對比的概念來說明物極必反的道理。聖人處事常以卑下柔弱自處，反而成就了他萬古的盛名。

第三十七章

道常無為，而無不為。
侯王若能守，萬物將自化，化而欲作。
吾將鎮之以無名之樸。
無名之樸，亦將無欲。
不欲以靜，天下將自正。

譯文

宇宙大道看起來它並沒有做什麼（道常無爲），可是日月星辰的運行、日出日落、月亮的陰晴圓缺、四季的順序變化、人的生老病死，凡此等等沒有一件不是它的造化，都是大道孕化出來的，所以說「而無不爲」。

侯王如果能夠遵守這個大道所提示的原則，不去自作主張的更易變動，則他統轄境內所有的大事物都會自然生長化育（侯王若能守，萬物將自化，化而欲作）。當然也會有一些惡人做一些惡事，就用無爲的道理去開導他（吾將鎮之以無名之樸），人民自然會安定下來，不再你爭我奪（無名之樸，亦將不欲）。倘若人民做到清靜安定，不再爭奪（不欲以靜），整個國家自然就會步上正途（天下將自正）。

說明

既然要依循大道的發展，在治國、處事上，就不要自作聰明，亂出主意。老子特別強調，侯王如果能夠遵守這個大道所提示的原則，不去自作主張的更易變動，則他統轄境內所有的大事物都會自然生長化育。

這種主張有現代版的驗證。在彼得．聖吉的《第五項修練》一書中提到，主管公司的企業經理人，在面對公司的難題時，先要讓自己靜下來，到達非常安靜的狀態時，把所面對的難題帶入，靜靜的用心觀察這個難題如何變化。只要功大夠深、定力夠好，就可以把這個難題的來龍去脈「看」清楚。也就知他該怎麼做決策。大凡在這種情形下所做的決策，都是正面的選擇，執行之後，事半功倍，效益絕佳。Intel公司發展十二吋晶圓的時候，是一項投資五百億美元，預計五年回本的計劃。由於總經理David Marshin心臟病突發，在靜養時，想到何不讓高階主管在開會之前，先靜默二十分鐘。原先只是想要平靜爭吵的場面，可是一旦施行，效果奇佳。大家在靜默中得到許多好主意，付諸實行之後，效益非凡。讓Intel公司在五個月就還本。原先最沒有把握的冒險投資，成了公司最大的收益。

第三十八章

上德不德，是以有德；
下德不失德，是以無德。
上德無為，而無以為；
下德為之，而有以為。
上仁為之，而無以為；
上義為之，而有以為。
上禮為之，而莫之應，則攘臂而仍之。
故失道而後德，失德而後仁，
失仁而後義，失義而後禮。
夫禮者，忠信之薄，而亂之首也。
前識者，道之華，而愚之始也。

是以大丈夫處其厚，不居其薄；處其實，不居其華，故去彼取此。

譯文

最高的德行是當他做了許多好事，恩澤加被於百姓，可是不去張揚，好像沒有那回事的樣子，這才是最有道德的人（上德不德，是以有德）。

德行不高的人，做了任何好事，都要到處張揚他是如何有德性，深怕別人不知道，所以是無德（下德不失德，是以無德）。

有上等德行的人，對人民、對社會所做的貢獻都是出自那顆善良的心，不是故意做作的，還以爲他並沒有做什麼（上德無爲，而無以爲）。

德行不高的人一旦做了一些善事、好事，就以爲是天大的事，到處張揚，讓眾人都知道他曾做過哪些好事（下德爲之，而有以爲）。

最有仁慈心的人，視萬物爲一體，沒有分別心，經常處在物我兩忘的境界，完全是無爲而爲（上仁爲之，而無以爲）。

最有義氣的人，由於有先入爲主的價值觀，重承諾、講義氣，所以是有目地的行動（上義爲之，而有以爲）。

最講究禮貌的人，在與人交往時，一旦沒有得到應有的回禮，就會很不高興，恨不得伸手指責對方的無禮（上禮爲之，而莫之應，則攘臂而仍之）。

人們最先失去的是道，而後才會失德（故失道而後德）；失去德之後，接著才失去仁（失德而後仁）；失去仁之後，接著才會失去義（失仁而後義）；失去了義之後，接下去才會失去禮（失義而後禮）。

禮是人的忠信之心最薄的一環，到了只講究禮的形式，沒有道德仁義作爲支撐，那麼虛僞矯詐，無所不行，社會也就開始混亂了（夫禮者，忠信之薄，而亂之首也）。

這時候每個人憑藉自己的知識展開無窮無盡的競爭，只注重華麗的外表，這就是愚昧的開端（前識者，道之華，而愚之始也）。

所以有爲有守的大丈夫要有厚實的道德仁義之心，不要處在只講求禮儀和知識這種澆薄浮華的狀態（是以大丈夫處其厚，不居其薄，處其實；不居其華，故去彼取此）。

說明

這一章說明有德者也有境界的高低。境界高的有德者做了就像沒做一樣；境界低的有德者就非常在意他人的反應。老子注意到，道、德、義、禮是有先後次序的。先失道，再失德，再失義，最後剩下虛僞的「禮」時，天下就亂了。也就是在爲春秋時代各國所發生的種種亂象，做症狀的診斷。用來看現代社會不也非常契合嗎？

第三十九章

昔之得一者：

天得一以清；地得一以寧；神得一以靈；

谷得一以盈；萬物得一以生；

侯王得一，以為天下貞。

其致之一也。

天無以清，將恐裂；

地無以寧，將恐發；

神無以靈，將恐歇；

谷無以盈，將恐竭；

萬物無以生，將恐滅；

侯王無以貞，而貴高將恐蹶。

故貴以賤為本，高以下為基。
是以侯王自稱孤、寡、不穀，
此其以賤為本耶？非乎？
故致數輿無輿。不欲碌碌如玉，落落如石。

譯文

自古以來，最重要的事是得一。「一」者，道也（昔之得一者）。

天依循道來運作，就會變得清明（天得一以清）。地依循道來運作，就會變得安寧（地得一以寧）。元神依循道來運作，就會變得玄妙靈敏（神得一以靈）。山谷依循道來運作，樹木茂盛，水氣蒸騰（谷得一以盈）。萬物依循道來運作，都會生長得欣欣向榮（萬物得一以生）。侯王能遵從大道而施政，就可以為天下的榜樣（侯王得一，以為天下貞）。這些的道理都是一致的（其致之一也）。

天不清明的話，恐怕會有崩裂（天無以清，將恐裂）。地如果得不到安寧，恐怕就會有地震、海嘯、土石流等災變（地無以寧，將恐發）。神如果沒有靈妙感應的話，恐怕就沒有人來膜拜而歇息（神無以靈，將恐歇）。山谷如果沒有了花草樹木，就不會有充足的水氣，這個山谷很快就會枯竭（谷無以盈，將恐竭）。萬物倘若都不能生化，這個地球、整個人類恐怕都會滅絕（萬物無以生，將恐滅）。侯王如果不能以正道去治國，他那高貴的地位不久就會崩塌、傾倒（侯王無以貞，而貴高將恐蹶）。

因此，尊貴的人要讓自己處在低賤的境地，在高位的人要以低下做為根基（故貴以賤為本，高以下為基）。因此這侯王以「孤、寡、不穀」等名號作為自稱，就是以低賤為根本的表現，不正是這樣嗎（是以侯王自稱孤寡不穀，此其以賤為本耶，非乎）？

因此，高貴的人車輿多了，等於沒有車輿，不要將自己看得像寶玉那樣的珍貴，也不要把他人看成像石頭一樣的低賤（故致數輿無輿，不欲碌碌如玉，落落如石）。

說明

在前一章，對當時的社會亂象做了診斷，在這一章就要開處方。老子所開的處方就是「得道」，他細數得道之後，所有會出現的現象。老子指出，自古以來，所有能夠得到「一」的人，他的心念、心神非常清明，身體也就隨之安寧，元神就會靈通，精氣很充盈，內氣不斷的湧出。他就可以成為世人尊敬的對象。

反過來說，沒有得到「一」，識神就不會清明，思慮過多，肉體也就不會安寧，元神不會靈通，精氣也就不會充滿，這樣子的人是不會得到世人的尊敬。

因此，所有要想成為治國的明君，或是現在所說的「修道的人」，都要從基本做起，以賤為貴之本，以下為高的基礎，循序漸進。從事修持的人都知道，最高的境界就是不求榮譽。因為有了各種榮譽，詆毀也就隨之而來，不如讓自己像一塊看起來不起眼的石頭，以免引來別人的嫉妒和競爭。在安靜的情形下，方才可以虛心的修行。

以下各章都圍繞「修道」這個主題而展開，做不同面向的討論。這是屬於「德經」的部分，也就是如何把個人的能力加以修護、保固和昇華。

第四十章

反者，道之動，
弱者，道之用。
天下萬物，生於有，
有，生於無。

譯文

道的運動特性是反覆循環（反者，道之動）。道在實際運作上的表現是柔弱的、柔和的（弱者，道之用）。

天下萬物都有具體的形象（天下萬物，生於有），可是這些具體的形象卻是從無中生化出來的（有，生於無）。

說明

現代物理學把原子分成原子核，外面包圍著電子，電子在軌道上運行，軌道與原子核之間，第一條軌道與第Z條軌道之間都是空的，電子本身也是具有能量卻沒有物質的一團電子雲，也不是實在的東西。可是這些虛空，加上原子核，卻構成了具體的原子，正是有生於無的最佳寫照。

這一章一方面說明宇宙的物質基本構造。一方面也藉此說明「道」的本質是「虛無」。

第四十一章

上士聞道，勤而行之；
中士聞道，若存若亡；
下士聞道，大笑之。
不笑不足以為道。
故建言有之：
明道若昧；進道若退；夷道若纇；
上德若谷；太白若辱；廣德若不足；
建德若偷；質真若渝；
大方無隅；大器晚成；
大音希聲；大象無形；
道隱無名。
夫唯道，善貸且成。

譯文

上等資質的人，由於根基深厚，見識廣博，心量廣大，所以一聽到有關「道」的事，就志心於道，努力去實踐（上士聞道，勤而行之）。

中等資質的人，由於見識不足，對道的認識不清，所以儘管聽到與「道」有關的訊息，卻是一付可有可無的態度（中士聞道，若存若亡）。

資質愚昧的下等人，由於見識淺薄，不知「道」是何物，一聽到「道」，就哈哈大笑（下士聞道，大笑之）。

這些愚昧的下等資質的人，不笑的話，還眞不能顯示「道」的尊貴（不笑不足以爲道）。

所以有些具有先見之明的人，立下了一些非常有哲理的話（故建言有之）：

一、有道的人大智若愚，當他明白的道理越多，會感到所學不足，還有更多不明的事物，而感到迷惘（明道若昧）。

二、在修煉的過程中，剛開始的時候，經常有各種進步的跡象，如看到光、氣感強等，慢慢的，這些進步的跡象越來越不明顯，甚至消失。於是常會懷疑自己是不是退步了（進道若退）。

三、修道這件事原本不複雜，可是基於種種內外因素，變得非常複雜，修道的過程也就變得坎坷難行。當修行者把大道的內容完全弄明白了，才會知道修行原來並不複雜。

（夷道若纇，ㄌㄟˋ）。

四、擁有上等資質和道心的人，他的心量廣大，像山谷一樣，可以涵受一切（上德若谷）。

五、境界高超的修行人心頭清淨，像一輪明月當空照，當你想要污辱明月，只是自取其辱（太白若辱）。

六、他一直在增廣自己的德行，好像有「永遠不能滿足」的態勢（廣德若不足）。

七、他建立自己的德行時，需要參考別人的修行方法，有點像是在偷取他人的寶藏（建德若偷）。

八、德行有了之後，個人的本質會變得天眞無邪，可是看上去卻像沒有主意，容易見風轉舵的樣子（質眞若渝）。

九、到達最高境界的修行者，他的心量是沒有四方邊界（大方無隅）。

十、這種人的事功是慢慢的蘊釀、慢慢的建構，經過種種的考驗和歷煉，時間到了，方才能夠功成名就（大器晚成）。

十一、這種境界就像天地間最大的聲音，就是安靜無聲。最大的形象就是沒有具體的形像（大音希聲，大象無形）。

十二、天地之間的大道是隱藏在萬事萬物之中，沒有固定的名稱（道隱無名）。也只有這個「道」，才成就了萬事萬物（夫唯道，善貸且成）。

說明

老子眞是了解人性。他明白的說，「修道」雖然珍貴，可是一般俗人因爲不了解，而輕視大道。現在學科學的人更是如此，認爲古人所言，早已落伍。對這些人講「大道」是什麼，他們都掩耳不聞，背後更冷嘲熱諷。唯有經歷過的人，才能眞正體會老子講這些話的心情。

這一章所說的十一項，都是老子自己從事修煉的經驗和心得。「明道若昧」，是說隨著修行功夫日漸增加，卻有越來越多不明白的地方，心中充滿各種迷惘。

接著是「進道若退」，在修煉的過程中，最初會有明顯的氣感，在靜坐時眼前會出現各種色彩的光感，靜坐之後會覺得非常舒服。可是漸漸的，這些現象越來越淡，甚至不再出現。這時候，修煉者會懷疑自己是不是退步了。其實是進步和昇華了。

修煉的功法本來是簡單的。可是人就是會懷疑這樣簡單的功法眞的會有效嗎？於是就會自作聰明的增加難度，結果是把簡單易學的大道弄得複雜，修道的過程就變得曲折、坎坷。隨著修煉功夫日漸深厚，終究會明白，大道至簡，而知道該化繁爲簡。這就是「夷道若纇」。

老子又指出，「上德若谷」、「廣德若不足」、「建德若偷」三者是修煉者必需要具備的心理因素。「質眞若渝」、「大白若辱」、「大方無隅」三者是修煉者必需具備的風範。

由於修煉是一輩子的事，甚至是好幾輩子的事，急不得，急也沒有用，只有一步一步的走，只要時間夠久、功力夠深，終究可以成功。這就是「大器晚成」。孔子在《論語》中也說，要「如切如磋，如琢如磨」。都是慢工出細活的意思。

「大音希聲」是指修煉所用的功法。如同用皮膚來呼吸，讓自己與天地大道合而為一。

「大象無形」，是指道的境界，道法無邊，法身無形。

「道隱無名」是說從事這種修煉的人，要潛修默證，不為人知。

老子最後指出，只有照以上所說的方法去做，才會達到最後的成功。

第四十二章

道生一，一生二，二生三，三生萬物。
萬物負陰而抱陽，沖氣以為和。
人之所惡，唯孤、寡、不轂，而王公以為稱。
故物或損之而益，或益之而損。
人之所教，我亦教之。
強梁者不得其死，吾將以為教父。

譯文

「道」是宇宙萬物生發的根源。道本無名，勉強名之爲「一」。天地一分爲二，有了陰陽，就有了「二」這個數。有了「二」，就有了座標，時間和空間隨之產生。萬物也就隨之而來，因而產生了代表多數的「三」。

萬物的生化形成，都是以具體的物質爲主，加上它的動能、功用和性質（萬物負陰而抱陽），再加上各種「指令」，也就是「氣」，就可以發揮整體的功用（沖氣以爲和）。要有整體的建構，才有正常的功能。

可是像「孤、寡、不穀」等名稱和情境，都帶有嚴重的缺失，都是一般人所厭惡的，可是卻成爲天子、諸侯這些必需要從事修煉者的自謙之辭（人之所惡，唯孤、寡、不穀，而王公以爲稱）。

因此，表面上看起來是受損、受害的，實際上會得到很好的利益（故物或損之而益）。或在表面上看起來得了利益，實際上可能會有所損失（或益之而損）。像國君用這些不雅的名號來自稱，反而容易獲得天下人的民心。反之，就會受到天下人民的唾棄。

這是古代聖人傳下來，教導我們的遺訓。我也拿這個來教導別人。人生在世，應該好好的去體悟眞理大道，不可仗恃自己的力量，而稱強霸道、向人誇耀。否則就不會得到善終（強梁者不得其死）。我會把這些教誨當成父親的耳提面命，終生奉行，也教化別人，共臻至善之境（吾將以爲教父）。

說明

在周代，天子、諸侯、大夫、士都是需要不間斷的修煉。平民百姓是不需要，也不能從事修煉的。這一章特別提出一個從來不曾引人注目的問題：在修行的過程中，一個善於損己的人，才能不斷的精進。「損己」就是用最虛心的態度，認爲自己的行爲永遠有錯，有待改進；在德性上，一直有所不足的，有待提升。在這種心裡狀態的鞭策下，德行修爲就逐步增長，終至於盡善盡美的聖人境界。不僅個人要終生奉行，而且要推己及人，帶領同道共修的朋友，一起努力。

第四十三章

天下之至柔，馳騁天下之至堅。
無有入無間，吾是以知無為之有益。
不言之教，無為之益，天下希及之。

譯文

像是微波、可見光、水等，可算是天下最柔的東西，由於阻礙少、彈性大，於是可以馳騁在天下最堅硬的東西之間（天下之至柔，馳騁天下之至堅）。各種縫隙、凹洞都可以填滿，不留下空間（無有入於無間），於是我知道「無爲」是大有益處的（吾是以知無爲之有益）。所以無形柔弱的力量，外表看起來沒什麼，可是它可以發揮最大的益處，天下沒有東西可以比得上（不言之教，無爲之益，天下希及之）。

說明

現代醫學所用的各種檢測儀器，如核磁共振、正子攝影、X光、超音波等，都是用看上去非常柔弱的光波，穿透看上去是堅硬的身體。病毒、細菌也是體積非常的微小，可是能夠摧毀動植物的身體。都是天下之至柔馳騁天下之至堅。

修煉時，也是會產生至柔的氣，內氣發生之後，會穿透身體的皮肉、器官、骨骼，無所不至。外氣也會從全身的穴位、經絡，源源不斷的進入臟腑之內。這些內氣和外氣，都是虛無飄渺，捉摸不定；人體的穴位、毛孔，肉眼也是看不出它們的間隙。唯有修行者方才可以清楚的認識到它們的存在與振動。

第四十四章

名與身孰親？
身與貨孰多？
得與亡孰病？
是故甚愛必大費；多藏必厚亡。
知足，不辱；知止，不殆，可以長久。

譯文

身外的名聲跟身體內的眞我生命相比，哪一個比較親近（名與身孰親）？身內的眞我生命與外在的各種物品比起來，哪一個應該重視呢（身與貨孰多）？得到那些身外的東西與失去內在永恆的眞我生命相比較，哪一樣會讓自己生病受害呢（得與亡孰病）？

過分貪戀外在的財貨，必然要耗費巨大的心力精神，而且蓄藏越多，所耗費的心力精神也越多（是故甚愛必大費，多藏必厚亡）。適可而止，知道滿足的人是不會招人嫉妒和羞辱，也不會敗亡，可以長久存在（知足，不辱；知止，不殆，可以長久）。

說明

從事修煉的人對於身外之物，不管是名望、或實在的利益，都要抱持一種恬淡之心，知足常樂，才得無牽無掛的精進修煉。在這種心頭安靜的狀態下，身心安頓，身體才會健康，長命百歲。

第四十五章

大成若缺，其用不弊。
大盈若沖，其用不窮。
大直若屈，
大巧若拙，
大辯若訥。
躁勝寒，靜勝熱。
清靜為天下正。

譯文

凡是有大成就的人，謙沖爲懷，看上去若有所不足（大成若缺）。他所有的做事能力並不因外表有些缺失而有什麼妨礙（其用不弊）。

最大的盈滿不是圓滿的靜止狀態，而是不斷的注入，這樣才能保持一定的盈滿狀態，怎麼用也用不完（大盈若沖，其用不窮）。

最大的正直是可以包容一切（大直若屈）；最大的工巧是可以做各種東西，連最粗重笨拙的東西也可以做（大巧若拙）。

最大的認知是對宇宙天地萬物有深刻的體悟，凡是達到這種境界的人，由於悟在內心，不知該用什麼樣的言詞來表達（大辯若訥）。

身體寒冷，動一動產生熱能，就不冷了（躁勝寒）。懂得靜坐的人都知道，靜坐時會產生一股熱氣，籠罩全身，這種熱氣比因躁動而產生的熱來的持久，更有益身體健康（靜勝熱）。因此，凡是可以入靜的人，就可以領導天下、邁向康莊大道（清靜爲天下正）。

說明

這一章就是修煉者的心理狀態。身外的事都可以放下，唯獨對身內的事要非常的貪。即使有了大成就，還是覺得有所不足，不斷的增加新的能量、知識和一切相關的信息。他對於事理看得非常透徹，遠非常人所能及，尤其是他能觀察到的視野所涵蓋的時間和空間，都非常的廣大，因此他可以把一件事情的過去、現在和未來都看得清清楚楚，於是可以從容的預做準備，把災禍銷彌於事先。因而可以成爲一代明君聖王。

第四十六章

天下有道，卻走馬以糞。
天下無道，戎馬生於郊。
罪莫大於可欲；
禍莫大於不知足；
咎莫大於欲得。
故知足之足，常足矣。

譯文

天下有道、國泰民安的時候，人民休養生息，市況繁榮，商業發達，都城內的道路上，車馬熙來攘往，馬匹所排出來的糞便鋪滿道路，人車馬都踏在馬糞上走路（天下有道，卻走馬以糞）。

天下無道，國君橫徵暴斂，全國武裝，一付窮兵黷武的樣子，這時候在都城郊外所聚集的都是有戰爭裝備的戎馬（天下無道，戎馬生於郊）。

最大的罪惡是欲望太深、太大，無可滿足（罪莫大於可欲）；最大的禍患來自於不知足（禍莫大於不知足）；最大的過錯是因爲想要得到什麼東西（咎莫大於欲得）。

能夠做到知足的人無所不足，永遠都處在滿足的狀態（故知足之足，常足矣）。

說明

這種能知過去、現在、未來的明君當政的時候，國家富足，人民生活安樂。那些不知足的國君當政的時候，就會聚斂人民的財富，準備對外發動戰爭。最後引來戰禍，人民的生活就悲慘了。

第四十七章

不出户，知天下；
不窺牖，見天道。
其出彌遠，其知彌少。
是以聖人不行而知，不見而名，不為而成。

譯文

不需要走出家門，就可以知道天下的事情（不出户，知天下）；不需要借用任何管狀的東西，就可以觀察天象的變化（不窺牖，見天道）。到各地去做觀察時，距目標物越遠，所能觀察到的現象也就越籠統模糊（其出彌遠，其知彌少）。因此，一位修行有成的聖人不需要到處行走，就可以知道天下的事情（是以聖人不行而知）；不需要親自到現場去視察，就可以知道那些事物的詳情（不見而名），不需要去做什麼，就可以成就一番事業（不爲而成）。

說明

這一章是在說明那些知過去、曉未來的明君聖王是怎麼做到的。就文字的表面來說，這一章所陳述的現象完全不合常人觀察事物的習慣。可是當我們把「心的觀察」做一番分析之後，就完全明瞭這一章在說什麼，不禁讚嘆老子的高妙。

國立成功大學航空太空學系楊憲東教授參加天帝教在二〇一三年五月三十一日至六月一日在臺灣南投縣魚池鄉鐳力阿道場所舉辦的「二〇一三年涵靜老人講座」時，發表了〈獨立人天上，常存宇宙中：心物合一科學〉一文。他的立論正好說明這一章所要講述的事情。

楊教授用「照相」這件事情做爲比喻。通常我們在照相時，爲了選取不同的場景，就會移動我們的身體，讓手上的相機靠近、或者遠離所要拍攝的對象。這是我們所熟悉的科學教育如此認爲。靠目標越近，所能攝取的人物比較大，比較清楚。離目標越遠，所能攝取的景象中的每個人或物都變得較小，只能看見大概形貌。

可是在宗教的修持上，剛好相反，人不動，觀察的對象也不動，只是觀察者的心動。觀察者的心好比是一個可以伸縮的長鏡頭。想要看較大的場景時，就把鏡頭zoom-out，把目標拉出去。這時候，可以看到一個比較含糊籠統的概貌。想要看物件的細部時，就把鏡

宗教版的獨立人天上	科學版的獨立人天上
 心的運作	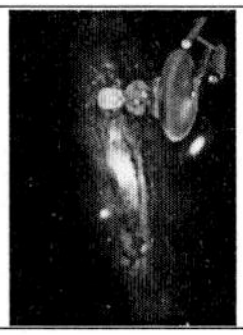 物的運作
定靜	運動
人在宇宙中，宇宙在人中	穿梭四維時空
改變視野尺度，位置不變	視野尺度不變，改變位置
進入尺度（scale）維度	進入運動（motion）維度
心的運作會產生視野的變化	物的運作會產生位置的變化

頭拉近來（zoom-in）。鏡頭拉得越近，可以看到的景像越細緻。楊教授用一個圖表來說明這兩者的差異。

一般人照相，尤其是拿現在流行的傻瓜相機照相，鏡頭是不用改變焦距的，選取場景時，完全要靠照相者身體的移動。可是，那些高明的攝影師，善用長鏡頭，只要伸縮手上的鏡頭，就可以選取他所要的畫面。也就相當於用心在運作選取所要的場景。攝影的人坐著不動，他的手隨著心念而動，眼睛所看到的視野就發生了變化。

從效果上來說，移動身體和相機所拍攝到的景象，與用伸縮鏡頭所拍攝到的景象，是沒有什麼差異的。因此，現代科學發展航天太空科技，去探測宇宙的奧密，所得到的景象，跟上古聖賢在禪定中所看到的宇宙景象，並沒有差別。

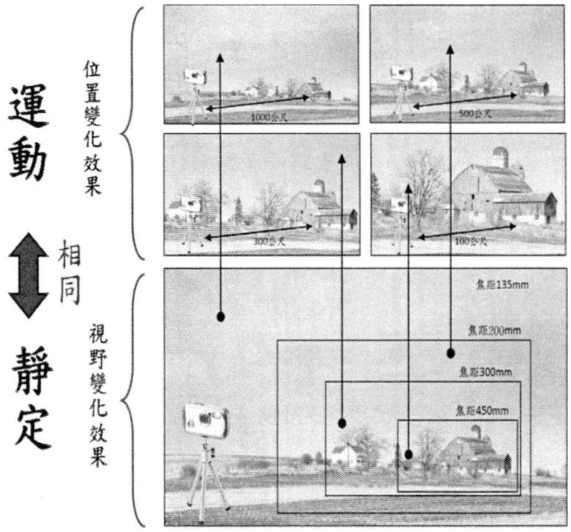

位置變化產生的移動效果與視野變化產生的移動效果，二者無法分辨。

這一章特別強調，一位修行有成的聖者，他必需要進入禪定的狀態，才能用心觀照世間各種事情，完全看懂這些事情的本質和來龍去脈，方才可以做出正確的決擇。千萬不要到處走動，因爲一旦身體移動，所用來觀察事物的「鏡頭」，也就是「心念」，就會停留在固定的焦距上，所能看到的場景也就是一定的，那麼一來，所能知、所能覺的範圍就有了限制。因此，老子會說：「其出彌遠，其知彌少。」

這一章所陳述的主要內容，就是在說，上古聖人如何在定靜的狀態下，伸縮他的「心識」，就可以觀察到宇宙萬物的基本特性，如第四章所說的「全息」和第二十五章所描述的「碎形」。更勝於現代科學之處，是老子更看到人世上的變化，把宇宙萬物和人世變化結合在一起。

第四十八章

為學日益，
為道日損。
損之又損，
以至於無為。
無為而無不為矣。
故取天下者，常以無事。
及其有事，不足以取天下。

譯文

做學問求知的功夫是要日積月累的增加（爲學日益），學道的功夫卻是要減損，把所有的嗜好、欲望、希求、成見、固執、脾氣、毛病、障礙等一一清除（爲道日損），越乾淨越好，最後連「去除修道或得道」這些概念也去掉，眞正達到空無的境界（損之又損，以至於無爲）。到了這種完全空無的境界，內心自然會隨緣而冒出許多有用的概念來，用這些概念來處世做人，無往不利（無爲而無不爲矣）。

那些取得天下的聖者，像黃帝、堯、舜等，都能守住「空無」的原則，不會自作主張的行事。於是百姓歸心，弦歌稱頌（故取天下者，常以無事）。

至於春秋戰國的那些國君，整天在想如何侵奪兼併其他弱小國家，如何加重人民的稅賦，引起人民怨聲載道，他們是不足以得天下的（及其有事，不足以取天下）。

說明

這一章旨在說明修道者的基本態度。爲學日益是說，不斷的增加所學的知識，不論是廣度和深度，都要日益增加。在周代，學校所教的功課是以「禮樂」爲主。一般人總以爲是「行禮」和「奏樂」。其實不然。在《禮記》的〈樂記〉中，明白的說，「禮者，天地之序也；樂者，天地之和也。」禮是指日月星辰運轉的次序和規律。樂是指天晴、下雨、刮風、打雷，乃至地震，一切自然現象所形成的共振和共鳴。因此，「禮樂」是指天地的學問。不是像現在的「分科而學」那樣的狹隘。

一方面要增加所學，另一方面當然是要清理內在，把所有的偏見、習性、執著、成見、欲望……等，都要做一番大整理，把不要的、不好的都丟掉，方才可以容納新的知識和習性。

第四十九章

聖人無常心，以百姓之心為心。
善者，吾善之。
不善者，吾亦善之，德善矣。
信者，吾信之；
不信者，吾亦信之，德信矣。
聖人在天下，怵怵焉，為天下渾其心。
百姓皆注其耳目，聖人皆孩之。

譯文

古代的聖人治國，是沒有自己特定不變的主見（聖人無常心），他一直是以百姓的想法、好惡爲準繩來做爲施政的依據（以百姓之心爲心）。百姓稱頌喜歡的事，聖人也稱頌喜歡（善者，吾善之）；百姓不喜歡的事，聖人則以仁德的心去感化、去改善（不善者，吾亦善之）。聖人的德行眞是善美啊（德善矣）！

百姓相信的事、信任的人，聖人也相信它、信任他（信者，吾信之）；百姓不能相信的事、不能信任的人，聖人要用德行去感化，讓他復歸於誠信。這就是聖人可以讓百姓信賴的德行啊（不信者，吾亦信之，德信矣）！

聖人在處理天下政事的時候，時常擔心自己不知泰然自處，而做出錯事，爲了天下眾人的事而混亂了他的心（聖人之在天下，怵怵焉，爲天下渾其心）。

由於聖人有如此慈善之心，天下百姓都仰望他，隨時注意他的言行，聽他所說的話。而聖人看待百姓就像對待自己親生的孩子那樣呵護備至（百姓皆注其耳目，聖人皆孩之）。

說明

這一章總結有關修煉的項目。老子指出，有道的聖人明君，沒有常人的私心、算計之心、妄想、情欲，也就沒有干擾和障礙，才能達到寂靜無爲的狀態。「無常心」是修煉過程中非常關鍵的一步。做不到這一步，就沒有靜定，也就不會有「安慮得」，更不可能「寂然不動，感而遂通」。做到這一步，方才可以把人體本來就有的各種神通能力展現出來。

這觀念用在現在的「企業治理」上，就是企業主事者隨時要顧慮到員工的需要和反應，讓員工覺得老闆一直在照顧他們，爲老闆效力是值得的事，如此，企業才能凝聚員工的向心力，爲企業奮鬥。

第五十章

出生入死，

生之徒，十有三，

死之徒，十有三。

人之生，動之死地者，亦十有三。

夫何故？以其生生之厚。

蓋聞善攝生者，陸行不遇兕虎，入軍不被甲兵。

兕無所投其角，虎無所措其爪，兵無所容其刃。

夫何故？以其無死地。

譯文

人生既有生，必有死，是不變的定律（出生入死）。粗略估計，在出生成長階段的人占十分之三，年紀老大逐漸死亡的人也占十分之三，剩下的十分之三是在中壯年，每天為衣食奔波忙碌，甚至忙過頭，傷害身體，英年早逝（生之徒，十有三，死之徒，十有三，人之生，動之死地者，亦十有三）。

這是為了什麼原因呢（夫何故）？是為了追求豐厚的口腹之欲，奢華的生活享受（以其生生之厚）。

聽說，善於攝養生命的人，是可以逢凶化吉的。在陸地上行走，不會遇到犀牛、老虎之類凶猛的動物（蓋聞善攝生者，陸行不遇兕虎）。在戰場上，也不會被武器所傷（入軍不被甲兵）。

從表象來看，犀牛失去了用角碰觸的地方（兕無所投其角），老虎也不知道爪子該伸向何處（虎無所措其爪），兵刃也不知道該落在哪裡（兵無所容其刃）。是什麼原因？因為他已經把肉體看空了，在「我空」的情形下，豈有死亡的道理（夫何故？以其無死地）。

說明

這一章在講修煉者常犯的毛病：生生之厚。所謂「生生之厚」，就是太過度、太迫切的求生、養生、或太迫切的縱情享受的意思。古代帝王爲了延年益壽，妄想長生不死，於是服食各種有毒的丹藥而暴斃。漢武帝、唐太宗都因服食丹藥而送命。現代人一味服用各種化學合成的營養補品、健康食品和各種維他命，以期能不生病，可是大部分無效，或中毒洗腎、或老年癡呆、甚至喪命。

也有人覺得人生苦短，想要盡情的享受，過度的沉溺縱情聲色，犬馬競賽等事，由於吃喝玩樂過度，而提早結束生命。

其實這些人才是最有條件從事修煉的人。因爲生活無慮，不用奔波勞碌。把縱情聲色的興致、毅力、時間轉移用來修煉，就會有完全不一樣的收獲。修道有成的人就是文中所說「善攝生者」。他們明瞭生死都是自然的常理，因而「尊道貴德」，不厚其生，順隨自然而不懼其死，因而可以「無死地」。文中所說的兕虎、甲兵，都是比喻危險之地。善攝生者不入危險之地，也就沒有那些兕虎、甲兵的傷害。善攝生者依循自然之道來養護生命，不是依賴人工的健康食品。

第五十一章

道生之，德畜之，物形之，勢成之。
是以萬物莫不尊道而貴德。
道之尊，德之貴，夫莫之命常自然。
故道生之，德畜之、長之、育之、成之、熟之、養之、覆之。
生而不有，為而不恃，長而不宰，是謂玄德。

譯文

萬物都是根據「道」的生命原則而形成的（道生之）。再依據個體的特殊生命條件而發展出個體生命特定的形狀、性質、能力（德畜之）。用各種物質來建構身體的形狀（物形之）。用生命活力讓他可以做各種事情（勢成之）。因此，萬物都要尊重宇宙基本的生命規律，也重德、守德、修德、積德（是以萬物莫不尊道而貴德）。道是偉大的（道之尊），德是貴重的（德之貴）。這些都是自然而事（夫莫之命常自然）。

「道」生養了天下萬物（故道生之），「德」促成了萬物的個體（德畜之），讓個體逐漸的長大（長之）、養育它（育之）、讓它成長（成之）、成熟有孕育下一代的能力（熟之）、再把下一代養大（養之），這種過程不斷的循環發展（覆之）。

由於一切都是自然而然的運化，它的出現不要據爲己有（生而不有），即使做了一些什麼動作促使它出現，也不要認爲這些作爲是可以永久依靠的（爲而不恃）。要呵護它，讓它長大，不要有所壓抑（長而不宰）。才會表現出「道」和「德」生化萬物的玄妙特性（是謂玄德）。

說明

既然從整體看人類生命的現象，接著就講人類，乃至萬物的生命是怎麼形成的。所有生命的孕育生長過程只是依據宇宙的發展過程，再重複一遍而已。楊憲東教授說：人類母親懷胎十月，相當於地球生物十八億年的演化史，是1:10^9。人生極短時間是地球極長時間的縮影。一個人受教育的過程就是人類文明發展史的縮影。從幼稚園到大學的教育過程應該就是人類七千年文明發展過程的縮影。

時間全息：十個月是十八億年的縮影

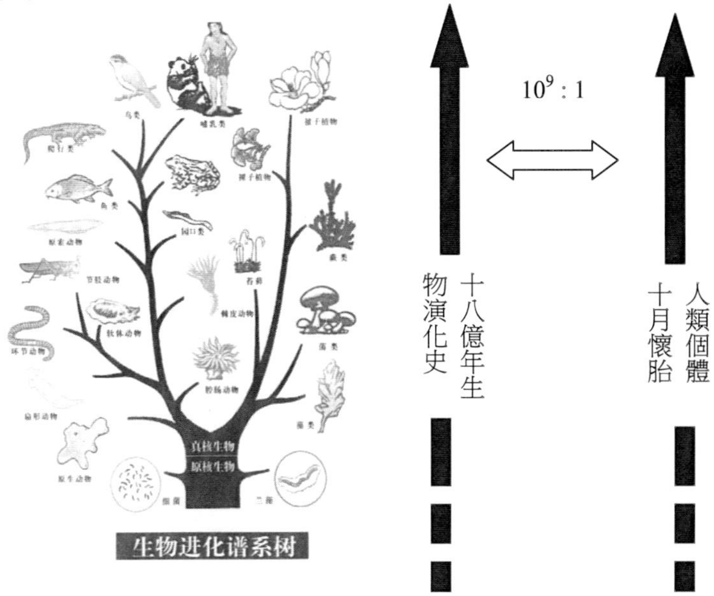

因此，這裡所說的「道」，應該是指宇宙演化的力量和過程。如第四章和第二十五章所說的「全息」與「碎形」兩概念。地球生物演化史是「道」，它的性質是「全息」。個體生命的發展就是「德」，它的性質是「碎形」。個體生命的發展過程完全複製了隱藏在每一個生物個體中的地球生物整體生命歷程。

有了「道」和「德」的基本設計之後，就要好好的把個體按部就班的養大。讓它成熟，再去孕育下一代，一代一代的傳下，生生不息，以致久遠。

第五十二章

天下有始，以為天下母。
既知其母，以知其子。
既知其子，復守其母，沒身不殆。
塞其兑，閉其門，終身不勤。
開其兑，濟其事，終身不救。
見小曰明，守柔曰強。
用其光，復歸其明，無遺身殃。是為襲常。

譯文

天下萬物都有其起始點，這個起始點就可看成是天下母（天下有始，以爲天下母）。

既然知道這個孕化天下萬物的母親，就可以知道它所孕化出來的東西是什麼樣子，有什麼特性和功用（既得其母，以知其子）。既然知道子代的特性、功能，不要妄用，也不要耗竭，再回歸到母代的特性。這樣一來，德和道就不會分離，形成完整的個體，終身受用、完美無缺（既知其子，復守其母，歿身不殆）。

把心理上產生各種欲望之口閉塞起來（塞其兌），把眼耳鼻舌身意這六道大門關起來，讓精與氣不要向外消散，涵養在體內，如此則終身受用不盡（閉其門，終身不勤）。

把欲望之口打開，縱情於聲色犬馬、美食女色的享受，一直消耗寶貴的精氣神，直到消耗殆盡，無法可救（開其兌，濟其事，終身不救）。

能夠從小處著眼，看出整體的特性，稱之爲明（見小曰明）。能夠一直用柔軟的方式處理事情，只要時間夠久，終究可以克服各種堅硬的東西（守柔曰強）。處理事物就像用光去照射所有的東西，能夠看個明白清楚（用其光，復歸其明）。就不會遭到各種災殃，而能一直保持在正常的狀態（無遺身殃，是謂襲常）。

說明

在「全息」的運作下，我們可以清楚的知道，各種生物的原始設計，也知道落實到個體時的種種變化。

生物個體的生長及其活動，主要是靠足夠的精氣。一旦這些精氣耗散光了，人也就死了。如何保持充足的精氣，就成爲修煉的基本功課。這裡只是說把眼耳鼻舌身意六大開口閉起來，讓精氣不會耗散掉。

如果改用西洋人、印度人常說的脈輪，就會更加清楚。在縱情聲色時，最容易從海底輪和生殖輪耗散精氣，於是就有「戒色」、「禁欲」、「清修」、「獨身」等要求。不要在男女交合的動作中耗散精氣。這是一般宗教最常要求的戒律。

人的情緒都在「臍輪」和「心輪」部位發生作用。日常的喜怒哀樂是在臍輪發生作用，情愛所對應的是心輪。中醫也說「恐傷腎」、「怒傷肝」、「喜傷心」。臍輪的位置對應肝臟、腎臟，心輪的對應心臟和肺臟。爲了減少這兩輪的刺激，各宗教都發展出「出家」的清規。事實上，出家的眞正目的是要減少日常家庭生活裡的各種干擾。最徹底的出家是離群索居，一個人在深山古洞中修行。

把臍輪和心輪封起來，不讓體內的精氣從這兩個脈輪漏出去。接著是封住喉輪。身體的精氣從心輪而上，經過喉輪而到達頭部。喉輪像一個分流器。讓一部分的精氣從嘴巴出去，就形成聲音和語言。一部分的精氣從後腦上去，到達大腦，就轉化成了思想。封住喉輪的作用，就是不讓精氣從嘴巴出去，因而各種宗教都有「止語」、「靜默」的要求。留下一個通道，讓身體的精氣直接衝到大腦，再把這股到達大腦的精氣變成像雷射光一樣的能量波，就可以衝破天門，像探照燈一樣的去搜尋宇宙，進而得到許多有用的信息，那就是第十章所說的「天門開闔，能無知乎」的境界。本章就在說明這種運作可以看萬事萬物的大概，也可以看每一件事物的細部。這種可大可小，察查分明的狀態，就稱之爲「明」。

第五十三章

使我介然有知，行於大道，惟施是畏。
大道甚夷，而民好捷徑。
朝甚除，田甚蕪，倉甚虛。
服文采，帶利劍，不厭飲食，貨財有餘，是謂盜誇。
非道也哉！

譯文

讓我有一些智慧來遵行大道，我會非常謹慎小心，唯恐犯上一點差錯而前功盡棄（使我介然有知，行於大道，惟施是畏）。大道所展現的道路是平坦寬廣的（大道甚夷），可是人們偏偏喜歡走捷徑小路，不由正道（而民好捷徑）。

朝廷的綱紀已開始崩壞（朝甚除），人民所耕種的田地已經荒蕪（田甚蕪），貯存糧食的倉廩已經空虛了（食甚虛）。可是還是有人享受奢華的生活，穿錦繡華麗的衣服（服文采），佩帶銳利的寶劍來誇示自己的財富和權勢（帶利劍），每餐都講究菜色的變化（不厭飲食），家裡的倉庫堆滿了貨財（貨財有餘）。這種人就是盜取天下資源，還在誇耀（是謂盜誇）。這不是一個實踐大道的人所應有的行爲（非道也哉）。

說明

指出世人所犯的一些毛病。從事修道、或者說是修煉，以及治理國家或公司行號，其實都是很簡單的事，可是一般人卻把它弄得很複雜。現在爲官者，或公司行號的董事長、總經理，常常把辦公室弄得富麗堂皇，卻沒有良好的工作企劃，也不懂如何經營管理，以致業績不彰，瀕臨倒閉。可是管理階層仍然享受豪華奢侈的生活，參加高檔昂貴的飲宴，攀交情，拉關係，以爲有用不完的金錢。這種現象根本就是強盜，盜取全國人民的財產。

證諸臺灣在一九九〇年到二〇〇六年的黑金政治，就佩服老了在兩千多年前就有相同的指責。臺灣在一九九〇年時，經濟國力達到頂峰，時常可以聽到「臺灣錢淹腳目」這種自大自誇的話。於是大家都迷惑在這種假相之中。民眾在無恥政客的鼓動下，群起爭一切可以爭的事，奪一切可以掌握的事。失去了「向前行」的眼光和毅力。到二〇一〇年之後，經濟發展遭到空前的困頓，政府也失去了「爲民前鋒」的角色、信心和能力，至此，臺灣失去了向上提升的願景和能力，只能自怨自艾。讀這一章時，回顧臺灣的困境，心有戚戚焉。「知我者，老子也。」

第五十四章

善建者不拔，善抱者不脫，子孫祭祀不輟。
修之於身，其德乃真；
修之於家，其德乃餘；
修之於鄉，其德乃長；
修之於國，其德乃豐；
修之於天下，其德乃普。
故以身觀身，以家觀家，以鄉觀鄉，以國觀國，以天下觀天下。
吾何以知天下然哉？以此。

譯文

一個良好的建築是不容易被拔除（善建者不拔）；一個擅長於環抱的動作，是不容易被掙脫（善抱者不脫）。能夠以道德傳家的人，他的子孫一定會按時祭祀（子孫祭祀不輟）。

一個人在世的時候，致力於修養道德，他的德行才會名實相符（修之於身，其德乃眞）；一家人能夠修養道德，全家都會得到福蔭（修之於家，其德乃餘）；一鄉人都能講究道德，全鄉的人都可以得到德化的好處（修之於鄉，其德乃長）；一國的人都能講究道德，這個國家的德行就豐沛了（修之於國，其德乃豐）；天下人都能講究道德的話，道德就普遍流傳了（修之於天下，其德乃普）。

當我們明白這個道理之後，就可以用自己的身心體悟去觀察別人的身心狀態、所做所爲（故以身觀身）；以自己的家庭狀態去觀察他人家庭的道德教化（以家觀家）；以自己鄉里的教化情形去觀察其他鄉里的教化情形（以鄉觀鄉）；以自己國家的教化情形去觀察他國的教化情形（以國觀國）；以現在的天下教化去觀察未來的天下教化情形（以天下觀天下）。

我怎麼知道天下的變化情形呢？就是根據以上的道理來做推論（吾何以知天下之然哉？以此）。

說明

在第一章的「說明」中，指出古代聖人因爲觀察地球繞日運動、生物的生長化收藏以及國家的興衰等三方面，而有「道」這個概念。在這一章中，老子很清楚的說明，他是如何觀察國家的興衰。老子的切入點，就是主持國家大政者的身心狀態。

觀察國君的身心狀態，家庭生活，就能知道這個國家在他的治理下，會是什麼樣子。反過來說，國家的興衰跟國君的人格特質、行事風格，有著密切的關係。也有用同樣的辦法去觀察社會、國家，乃至於天下的發展狀態。

第五十五章

含德之厚，比於赤子。
蜂蠆虺蛇不螫，猛獸不據，攫鳥不搏。
骨弱筋柔而握固。
未知牝牡之合而朘作，精之至也。
終日號而不嗄，和之至也。
知和曰常，知常曰明，益生曰祥，心使氣曰強。
物壯則老，謂之不道。不道早已。

譯文

剛出生的嬰兒是德行道氣最豐富厚實的階段（含德之厚，比於赤子）。蜜蜂、蠍子、毒蟲都不會去螫他，猛獸不會去咬他，凶禽也不會去攻擊他（蜂蠆虺蛇不螫，猛獸不據，攫鳥不搏）。

嬰兒的筋骨是非常柔弱的，可是他握東西卻是很牢固（骨弱筋柔而握固）。男嬰不知道男女交合之事，可是生殖器卻會勃起（未知牝牡之合而朘作），這是精氣豐沛的表現（精之至也）。他啼哭終日而聲音不啞，是陰陽之氣調和，生命力旺盛的表現（終日號而不嗄，和之至也）。

讓精氣經常處在豐滿和諧的狀態（知和曰常），經常處在這種狀態，對外界事物就有明白的認知（知常曰明），如此對生命大有幫助，而達到吉祥的境界（益生曰祥）。心又指揮身體的動作，當心念能百分之百的指揮身上的電、磁、熱能順利運行的時候，身體就會變得強壯（心使氣曰強）。

通常萬物生長到強壯階段，接著就趨向老化，這樣的變化是不符合道的緣故。凡是不能符合道，就會早亡、夭折（物壯則老，謂之不道。不道早已）。

說明

這一章說明修煉者到達精滿氣足的境界時，會是什麼樣子。老子以剛出生的嬰兒做比喻，嬰兒有最柔弱的手，可是卻有強大的張握力量。小男生的生殖器是會自動的勃起，代表他的精滿氣足。可是，及至成年，這些現象都消失不見，主要的原因就是我們欲望太多、心念太亂，瞋心一動而元氣損耗，情緒一起而精散。後世所有的修煉功法，都依循這個思路，幾乎沒有例外。但是能夠眞正遵從這個道理，實踐修持者，卻是鳳毛麟爪。

第五十六章

知者不言，言者不知。
塞其兑，閉其門，
挫其銳，解其分，和其光，同其塵。
是謂玄同。
故不可得而親，不可得而疏；
不可得而利，不可得而害；
不可得而貴，不可得而賤。
故為天下貴。

譯文

眞正悟道的君王，心與道相契合，可是又不知該如何清楚表達其中的奧妙感受（知者不言）。凡是誇誇而言大道如何、如何的君王，一定不是眞正悟道的人（言者不知）。他利用宇宙的全息特性，不管是把眼前所看到的景象如何撕裂，只要用他的智慧之光去照任何一個小點（和其光），原來的景象就會再度出現（同其塵）。只要是修道有成者都有這種能力（是謂玄同）。

這種修道有成的君王不會爲了特別的原因而對人特別親密，或者特別疏遠（故不可得而親，不可得而疏）。不會想要從他人那裡得到什麼好處，或者因怨生恨而加害（不可得而利，不可得而害）。更不會因賞識一些人而彰顯他的地位，或因不賞識某些人而下賤他的地位（不可得而貴，不可得而賤）。這才是天下最知道如何貴重臣下的君王（故爲天下貴）。

說明

道德經這本書原本是寫給君王讀的。因此，在這裡，所有關於修行的方法，其實都是君王治理國家時必需要熟悉的「治術」。一個治國的君王平日只是住在宮室之內，不會到處走動，可是他一定要知道在他的轄境內，已經發生、或正在發生、或即將發生的各種事情，採取對治的辦法。第四十七章是講君王必需要有用伸縮心念的鏡頭，來觀察天下事物的能力。這一章更明白的說，用心念鏡頭所觀察到的景象，就是宇宙的全息照片。只要把心念鏡頭的焦距鎖定在某一個小點上，就可以看到那個小點所呈現出來的全部景象。於是他就對境內各種已發生、發生中、將發生的事情，了然於心，預做對策和處置。由於看上去都是那麼自然，也就不必表現於親疏、利害、貴賤。因而成就爲天下百姓敬重的一代明君。

第五十七章

以正治國，以奇用兵，以無事取天下。
吾何以知其然哉？以此：
天下多忌諱，而民彌貧；
民多利器，國家滋昏；
人多伎巧，奇物滋起；
法令滋彰，盜賊多有。
故聖人云：我無為，而民自化；
我好靜，而民自正；
我無事，而民自富；
我無欲，而民自樸。

譯文

用正道來治理國家（以正治國）。用兵打仗就要用奇計（以奇用兵）。讓老百姓平安無事，方才可以治理天下（以無事取天下）。我是怎麼知道這個道理呢？是根據以下的原則而來（吾何以知其然哉？以此）。

如果國家有太多的禁忌，會讓人民動輒得咎，不知如何適應，無法順行工作，士、農、工、商的生產就大幅減少，人民的經濟狀況就會越來越窮（天下多忌諱，而民彌貧）。

如果人民擁有太多鋒利的武器，打砸搶殺事件層出不窮，國家也就陷入混亂的局面（民多利器，國家滋昏）。

如果人民有過多的奇巧淫逸之心時，就會設計出各種取巧偷懶的辦法，一些邪惡又奇怪的東西就越來越多（人多伎巧，奇物滋起）。

國家頒布的法令越來越多，處罰越來越嚴密，人民動不動就觸犯法令，逼得他們不得不挺而走險，公然聚眾，起來反抗（法令滋彰，盜賊多有）。

因此，有道明君說，只要我的一切施政，能夠順應天理大道，人民就會自然而然的自我約束、自我教化（故聖人云：我無為，而民自化）。我虛靜恬淡，不妄做作，人民自然就會回歸到正常、正直的狀態（我好靜，而民自正）；我不要設立太多的命令、法令去干擾人民的生活，人民自然就會富裕起來（我無事，而民自富）。我不去貪慕享樂，人民也就自然而然的歸於淳厚樸實（我無欲，而民自樸）。

說明

從這一章起，話題轉變成如何治國。老子告誡爲國君者，一定要行正道，不可走歪路。不要設下太多的規矩、律令，來干涉人民的行動。也不要讓人民爲所欲爲，亂了國家的次序。國君只要依照天地宇宙的常道來施政，國家就能順利運作。這就是「無爲而治」的根本意義。

第五十八章

其政悶悶，其民淳淳；
其政察察，其民缺缺。
禍兮，福之所倚。福兮，禍之所伏。
孰知其極？其無正。
正復為奇，善復為妖。
人之迷，其日固久。
是以聖人方而不割，廉而不劌，直而不肆，光而不燿。

譯文

君王能夠清靜無爲的時候，他的施政是平淡無奇，沒有什麼波瀾起伏，可是在他治理下的人民道德淳厚（其政悶悶，其民淳淳）。如果督察爲明，人民動輒得咎，那麼在他治理之下，一定缺乏積極主動、奮發向上的動機（其政察察，其民缺缺）。

災禍雖然不好，可是從長時間來看，將會否極泰來，轉危爲安，福事也就會跟著而來（禍兮，福之所倚）。反過來說，沉浸在幸福的氣氛當然是好事，可是悲泣的災禍往往也就隱伏在其中（福兮，禍之所伏）。有誰能預測禍福轉化的關鍵呢（孰知其極）？它是沒有標準答案的（其無正）。

人世間的事本來就是變幻莫測，正常的事有可能轉化成不正常（正復爲奇）。善人也可能變成害人精（善復爲妖）。人們長久以來，一直弄不清楚什麼是正，什麼是奇（人之迷，其日固久）。

因此，聖人明君不會因自己的行事方正而去刺傷別人（是以聖人方而不割），不因自己的清廉而諷刺別人（廉而不劌），不因自己的正直而放肆欺凌他人（直而不肆），他的爲人光明皎潔，卻不會耀眼眩目（光而不燿）。

說明

讀這一章，就聯想到馬英九總統治理下的中華民國爲什麼欲振乏力。由於馬總統非常強調「清廉」，最能夠表現「清廉」的地方就是報帳和核銷。各級政府的會計、審計人員非常認真的去查核所有的報帳單據。於是「報帳」變成了災難。受盡會計人員的挑剔後，把帳報了出去。可是到了上級審計的核銷時，往往又被挑出一些單據，不准核銷。那時已經過了半年以上。這些被駁回的單據所購買的物品早已驗收使用，不能退貨。在這種情形下，大多數的承辦人員只有自己掏腰包，賠錢了事。下一次，就敬謝不敏，不做就不會有錯。所有的公務人員都不想辦事，整個國家就陷入不會正常運作的狀態。國力衰退，其來有自。也印證了上一章所說的「天下多忌諱，而民彌貧」。

第五十九章

治人事天，莫若嗇。
夫唯嗇，是謂早服。
早服謂之重積德；
重積德，則無不克；
無不克，則莫知其極；
莫知其極，可以有國；
有國之母，可以長久；
是謂深根固蒂，長生久視之道。

譯文

聖人治理國家人民，事奉上天，必須要有充沛的體力和飽滿的精神，要做到這種地步，最好的辦法就是不妄泄精氣，包括心理和生理兩方面（治人事天，莫若嗇）。要做到在心理和生理兩方面都不妄洩，就要早睡早起，在清晨卯時起身，梳洗之後，精神飽滿準備上朝（夫唯嗇，是謂早服）。

早服的效果是把身心狀況調整到最好的狀況，讓自己所有的能力和德行可以得到適當的發揮（早服謂之重積德）。在這種德行可以充分發揮的情況下，做任何事都可以勝任成功（重積德，則無不克）。既然凡事都可以勝任，就很難估計他的能力的極限（無不克，則莫知其極）。像這樣能力莫測高深的人，就可以擔負起治理國家的重責大任（莫知其極，可以有國）。這種德行深重的生理心理狀態，可以說是像母親一樣孕育出治國的能才，這樣的治國方能長久（有國之母，可以長久）。

這種情形就像樹根深入地下，瓜果的蒂長得很牢固，不會輕易的落下。這種辦法才是國家得以長久生存、聖王可以長久在位的道理（是謂根深固蒂，長生久視之道）。

說明

一位有道明君的身體狀態，必定是精滿氣足，早上可以精神飽滿的準備上朝。由於精氣充足，頭腦清晰，可以做出正確的決策，任何事情都可以成功。我自己在六十歲的時候，生了一場大病。往後幾年，都處在體力不濟的狀態下。由於臥室的牆壁長壁癌，到了非要修理的地步。找了室內設計師，準備修房子。體力不濟也導致心力不濟，明明萬事具全，就是沒有心力做最後的決定。這樣就牽延蹉跎了兩三個月，在女兒不斷的催促之下，方才勉強決定在哪一天正式動工。這兩年由於勤於練功，用量子頻率調整身體各個器官，體力變好了，做決定、寫文章，就輕而易舉。本章所說的精氣充足，只有自己親身經歷過，方才知道其中的滋味。

第六十章

治大國若烹小鮮。
以道蒞天下，其鬼不神；
非其鬼不神，其神不傷民；
非其神不傷民，聖人亦不傷民。
夫惟兩不相傷，故德交歸焉。

譯文

治理規模龐大的國家，必須謹慎小心，好像烹煎小魚一樣，不能時常去翻動，否則這條魚就會破碎不堪。也就是說，國家的政策不要經常變動，否則人民就會被變動的政策搞得昏頭轉向，難以適應（治國若烹小鮮）。

依循天地宇宙的正道來面對天下，任何邪魔惡鬼、無形的力量都難以顯示它的能力（以道莅天下，其鬼不神）。不是那些邪魔惡鬼沒有害人的能力，而是神靈慈悲善良，當然也不會傷害人民（非其鬼不神，其神不傷民）。不止是神明不會去傷害人民，治國的聖人也同樣不會去傷害人民（非其神不傷民，聖人亦不傷民）。

鬼神和聖人兩者都不傷害人民，這就是天下德性交互感應的時候。天下之人都回歸到天眞純樸的境界，祥和清淨（夫惟兩不相傷，故德交歸焉）。

說明

這一章主要是在講治理大國的基本態度是要依正道而行，國君就不太會被自私、邪闢的心念所干擾。不是不會干擾，而是在國君內心被道德所制服，也就不會受到引誘而墮落。國君也不想被這些不良的意念所傷，於是要謹慎小心的防範。外在的誘惑和內在的欲念都得到控制，內外相合，復歸於道。國家就會達於大治的理想境界。

第六十一章

大國者下流，天下之交。
天下之牝，牝常以靜勝牡，以靜為下。
故大國以下小國，則取小國；
小國以下大國，則取大國。
故或下以取，或下而取。
大國不過，欲兼畜人；小國不過，欲入事人。
兩者各得其所欲，故大者宜為下。

譯文

一個大國就要像河川的下游，可以匯集、收納天下所有的人材和資財（大國者下流，天下之交）。要想匯集各種人材和資財，就要像雌性動物那樣，靜靜的散發出魅力，就能吸引雄性過來。所以，「安靜」是「吸引」的要件（天下之交，牝常以靜勝牡，以靜為下）。

大國用這種吸引匯納的辦法來對待小國，就可以取得小國的信服，而誠心歸順（故大國以下小國，則取小國）。小國也用這種態度，謙卑自處，誠信有禮的對待大國，就能取得大國的信任（小國以下大國，則取大國）。這是兩種不同的態度，大國謙下以取得小國的信服，小國謙下而求得大國的信任（故或下以取，或下而取）。

大國的目標不過就是要有更大的土地，更多的人民；小國的目標不過就是求得可以侍奉聽命的機會（大國不過，欲兼畜人；小國不過，欲入事人）。兩者都得到他們想要達到的目標（兩者各得其所欲）。因此，最要緊的就是大國應該首先以謙卑低下為模範，如此一來，天下自然就太平了（故大者宜為下）。

說明

上一章講大國的國君該如何做。這一章就講大國和小國之間要如何相處。在春秋末年，大國併呑小國是常見的事，夾在兩個大國之間的小國，如宋國和鄭國，爲了同時事奉晉楚兩個大國，苦不堪言。老子有鑒於這種情形，就提出他的理想方式，大國要謙卑客氣的對待小國，小國也要謙卑誠實的事奉大國。

第六十二章

道者萬物之奧。

善人之寶，不善之人所保。

美言可以市，尊行可以加人。

人之不善，何棄之有？

故立天子，置三公，雖有拱璧，以先駟馬，不如坐進此道。

古之所以貴此道者何不曰：求以得，有罪以免耶？故為天下貴。

譯文

道是萬物中最奧妙的東西（道者萬物之奧），善人把它當成最好的寶物（善人之寶）。就是那些不善的人，也要依常道來保護自己（不善之人所保）。

講一些合於道理的至善美言，就可流傳在社會大眾之間（美言可以市）。有一些值得令人尊敬的行爲，就更能博取別人的欽敬（尊行可以加人）。人有時會迷昧，做出一些不善的事，只要一心向道、改過向善，有誰不肯原諒你呢（人之不善，何棄之有）？

在人世間登上天子位，設置文武百官，華麗的宮殿，出入有前導的儀仗，乘坐富麗堂皇的馬車，如此的尊容華貴，卻比不上眞正能夠體悟大道、深體道心者來得實在永恆（故立天子，置三公，雖有拱璧，以先駟馬，不如坐進此道）。

古代那些尊奉這個大道的聖主都說（古之所以貴此道者何不曰：）：這個大道不是天生就有的，而是經過一番努力、學習追求，方才可以達到，又可以讓自己不犯過錯（求以得，有罪以免耶）。這才是天下最尊貴的東西（故爲天下貴）。

說明

這一章強調修煉得道，要比身爲王侯更加尊貴。如果治國的王侯能夠在修道這個方面多下一點功夫，那就更加相得益彰了。

第六十三章

為無為，事無事，味無味。
大小，多少，報怨以德。
圖難於其易，為大於其細；
天下難事，必作於易；
天下大事，必作於細。
是以聖人終不為大，故能成其大。
夫輕諾必寡信，多易必多難。
是以聖人猶難之，故終無難矣。

譯文

用不妄作生事的「無爲」態度去處世（爲無爲）。用不妄起爭紛的態度去處理日常事務（事無事）。以恬淡的心境來品味人生，處世治事（味無味）。不論大事還是小事（大小），不論事情多還是少（多少），都要以寬大豁達的心胸去面對，其中的恩恩怨怨，都要用德性來化解（報怨以德）。

處理複雜、困難的事，都要從簡單、容易的地方入手，或者在事情還沒有發展到複雜棘手之前，就先下手處理，才能收事半功倍之效（圖難於其易）。要想做大事，就要從小處先著手（爲大於其細）。因爲天下至難處理的事，在開始的階段都是簡單、細微的，而後才逐漸發展到不可收拾的難事（天下難事，必作於易）任何偉大的事業，都是從小發展而成的（天下大事，必作於細）。

因此，有道的聖人明君，始終不自認自己是在做大事，而輕忽了細微末節的小事，正因如此，他們才能完成偉大的事業（是以聖人終不爲大，故能成其大）。

輕易許諾的人一定缺乏誠信（夫輕諾必寡信），把事情看得太容易的人一定會遭遇到意料之外的種種困難（多易必多難）。古之聖人不會輕易許下諾言，對事情也要做周詳的考慮，因此。也就不會有意料之外的困難了（是以聖人猶難之，故終無難矣）。

說明

接續上一章的語意，說明一個善於治國的有道明君，從大處著眼，從小處著手，始終不認爲自己是在做什麼偉大的事業，而輕忽了細微末節的小事。正因如此，他們才能完成偉大的事業。這是在講治國者的基本心態應當如何。

把每一件事不管大小，或多麼熟悉，都當成是第一次來做，抱持戒愼恐懼，如履薄冰的態度，才會把事情做好。

第六十四章

其安易持，其未兆易謀。
其脆易泮，其微易散。
為之於未有，治之於未亂。
合抱之木，生於毫末；
九層之臺，起於累土；
千里之行，始於足下。
為者敗之，執者失之。
是以聖人無為，故無敗；無執，故無失。
民之從事，常於幾成而敗之。
慎終如始，則無敗事，
是以聖人欲不欲，不貴難得之貨；

學不學，復眾人之所過，
以輔萬物之自然，而不敢為。

譯文

事情在剛起始的時候，容易把持（其安易持）。問題在剛顯示兆頭的時候，容易籌謀對策（其未兆易謀）。在問題剛形成，比較脆弱的時候，容易破解（其脆易泮），在問題還在微弱的時候，容易打散（其微易散）。因此，在問題還沒有發生之前，就要做好預防的措施（爲之於未有），處理事情要在事情還沒有到達混亂階段之前處理好（治之於未亂）。

幾個人才能合抱的巨木，是從微小的種籽，而後發芽，長成幼苗，再慢慢長成的（合抱之木，生於毫末）。九層的高臺是工匠挑土一擔一擔的塡上去，用巨大的木頭加以夯築而成（九層之臺，起於累土）。千里路程也是一步一步走出來的（千里之行，始於足下）。違反上述道理的人一定會失敗（爲者敗之），固執己見，強行妄爲的人，必定會有所失誤（執者失之）。

因此，聖人順應自然之道，去處理天下事，就不會遭遇到失敗（是以聖人無爲，故無敗）。不固執己見，能夠博採眾議，也就不會有什麼失誤（無執故無失）。一般人做事情，常在將要完成的時候，遭到失敗（民之從事，常於幾成而敗之）。在將要完成時，仍然保持剛開始時的謹慎小心，就不會失敗（愼終如始，則無敗事）。

所以，一個很有修爲的聖人，他的欲望不同於一般人（是以聖人欲不欲）。他不去追求那些難得稀有的東西（不貴難得之貨）。學習一般人不肯、不敢、不想、不願去學習的知識、技能以及其他（學不學）。效法大自然的無爲運作，重德養生，來補救一般人因貪欲而對身心所造成的傷害（復眾人之所過）。他這麼做，是在幫助萬物自然生發，一切都不敢任意妄爲（以輔萬物之自然，而不敢爲）。

說明

繼續講有道明君的處事態度。在事情剛要發生的時候，就採取對策，事情就很好處理。不要等到事態已經很嚴重時，再來處理，那就事倍功半了。不要好高騖遠，腳踏實地，一步一步的去做。順著天理大道去做，就不會遭到太大的責難。不要去追求稀奇古怪的東西，更要去學一般人不學的知識。看到眾人都犯同樣的過錯，自己就警惕自己，不要犯相同的錯誤。聖人明君是代表天，因此，他們都要幫助上天，讓萬物自然發生，不能妄爲。

第六十五章

古之善為道者，非以明民，將以愚之。
民之難治，以其智多。
故以智治國，國之賊；
不以智治國，國之福。
知此兩者，亦楷式。常知楷式，是謂玄德。
玄德深矣、遠矣，與物反矣，然後乃至大順。

譯文

古代善於以「道」治理國家的聖人，不是教導人民各種機巧之智，而是教導人民如何純樸敦厚（古之善爲道者，非以明民，將以愚之）。因爲人民之所以難以治理，是因爲他們有太多巧詐之心（民之難治，以其智多）。

如果以智謀來治國，等於是在教人民使心機，相互鬥智，國家也就跟著發生動亂，其實是在賊害國家（故以智治國，國之賊）。不用智謀來治國，人民也就失去模仿的對象，心念復歸於純樸，生活自然安定無事，這才是國家的福祉（不以智治國，國之福）。

能夠熟知這兩種模式的人，就可以成爲治國的楷模（知此兩者，亦楷式）。能精熟這些楷模，常常效法，就會展現玄妙的德行（常知楷式，是謂玄德）。這種玄妙德行發揮到更深更遠的時候，在外表上看起來，似乎與世俗的行爲相差甚遠。其實這正是使人民回復純樸，歸於和諧的妙境（玄德深矣、遠矣，與物反矣，然後乃至大順）。

說明

要想眞正了解這幾章的用意，應該先去讀清代蔡元放編寫的《東周列國志》。這本書從西周末年周宣王三十九年（西元前789年）寫起，到秦始皇二十六年（西元前221年）統一六國爲止，包括春秋戰國五百多年歷史，內容極爲豐富複雜。作者在描寫春秋五霸、戰國七雄的興亡盛衰過程中，批判那些腐朽殘暴、驕奢淫佚的昏君，如周幽王、齊襄公、陳靈公、宋康王等；贊揚那些改革政治、促進社會發展的開明君主和官吏，如齊桓公和管仲、魏文侯和西門豹、秦孝公和商鞅等。然後就容易了解這一章的用意。

老子把國君分爲「不以智治國」和「以智治國」兩大類。前者對人民有害，後者對人民有益。因此，老子主張，最好的國君就是依道而行，不要自作主張，更不要任意而爲。徵諸史書，這些理想中的有道明君只出現在上古傳說之中。

第六十六章

江海所以能為百谷之王者，以其善下之，故能為百谷王。
是以聖人欲上民，必以言下之；
欲先民，必以身後之。
是以聖人處上而民不重，處前而民復害。
是以天下樂推而不厭。
以其不爭，故天下莫能與之爭。

譯文

江海所以能成爲所有山澗溪流之王，是因爲它總是處於最低下的位置，才能有這種優勢，能夠成爲集所有山谷河川之大成。（江海所以能爲百谷之王者，以其善下之，故能爲百谷王）。

因此，聖人要想能夠高居萬民之上，就是他先要謙虛自己的言語，以低下的名號做爲自稱（是以聖人欲上民，必以言下之）。要領導民眾，走在前面，就必需要先尊重所有的人，百姓才會尊重你（欲先民，必以身後之）。如果聖人把自己處於高高在上的地位，人民就不會尊重他（處上而民不重）。如果自高我慢、輕侮民眾，那麼人民不但輕視你，甚至加害於你（處前而民復害）。

由於聖人是採取這樣的態度，於是天下之人都樂於推崇，因爲他不與天下人相爭，於是天下無人可以與他相爭（是以天下樂推而不厭，以其不爭，故天下莫能與之爭）。

說明

接續先前的意見，認爲聖王明君，就要像江海一樣，居於低下的位置，才能廣泛的收納各方的意見，尊重所有的人。王侯稱孤道寡，只是形式，老子強調的是實質的作爲。

第六十七章

天下皆謂我道大，似不肖。
夫唯大，故似不肖。
若肖久矣，其細也夫！
我有三寶，持而保之。
一曰慈，二曰儉，三曰不敢為天下先。
夫慈故能勇；儉故能廣；不敢為天下先，故能成器長。
今捨慈且勇；捨其儉且廣；捨其後且先；死矣！
夫慈以戰則勝，以守則固。
天將救之，以慈衛之。

譯文

天下人都以爲道很廣大，可是怎麼看也看不出它有「大」的樣子（天下皆謂我道大，似不肖）。就是因爲「道」很大，才不像任何東西（夫唯大，故似不肖）。如果它像某一種東西，一定是一件細小的東西（若肖久矣，其細也夫）。

我有三件法寶，長久以來一直帶在身邊（我有三寶，持而保之）。一曰慈愛，二曰儉樸，三曰不敢爲天下先（一曰慈，二曰儉，三曰不敢爲天下先）。

有了慈愛，可以不顧一切去保護所愛的人，因此就勇敢了（夫慈故能勇）。

由於儉樸生活，不浪費生命的精氣元神，所以能精神飽滿，天地任我遨遊，更能發揮廣大的救世事業（儉故能廣）。

慢慢的自我充實、自我成長，不去跟別人較長爭先，（不敢爲天下先），方才可以成爲有用的人才（故能成器長）。

現今的俗人持取相反的作爲，不講求慈愛之心，只講求勇氣；不知飽滿自身的精氣神，只爲追求如何成就廣大的事業；不從謙遜做起，只知搶奪領導的地位。這麼做，死定了（今捨其慈且勇，捨其儉且廣，捨其後且先，死矣）。

用慈愛之心上戰場，一定獲得勝利；用來守衛城池，一定牢固。上天一定會來幫忙，同樣用慈愛之心來護衛它（夫慈以戰則勝，以守則固，天將救之，以慈衛之）。

說明

老子進一步的說明，要想成爲一位眞正的有道明君，必需要有三件寶貝，那就是一曰慈，二曰儉，三曰不敢爲天下先。而且是永遠都要記住，時時警惕，實踐在日常生活中。

第六十八章

善為士者不武；
善勝者不怒；
善戰敵者不與；
善用人者為之下。
是謂不爭之德，
是謂用人之力，
是謂配天，古之極。

譯文

一個優秀的士人，文質彬彬，不會誇耀自己的武藝（善爲士者不武）。常勝的武士是不隨便暴發怒氣的（善勝者不怒）。擅長於打仗的將領是不輕易跟敵人打仗（善戰敵者不與）。一個善於用人的首長，一定是謙遜、禮遇下屬（善用人者爲之下）。

這些都是不與人相爭的美德，可以眞正發揮用人的力量，也就是配合天地之德。自遠古以來這是最完美極致的表現（是謂不爭之德，是謂用人之力，是謂配天，古之極）。

說明

士是周代貴族中人數最多的一級，受過完整的文武教育。老子指出，如何才成爲一位眞正的武士。那就是不亂發脾氣，不輕易出手跟人比武或打仗，知人善任。有了這些美德，就可以跟天地之德相呼應。

第六十九章

用兵有言：

吾不敢為主而為客；

不敢進寸而退尺。

是謂行無行；攘無臂；扔無敵；執無兵。

禍莫大於輕敵，輕敵幾喪吾寶。

故抗兵相加，哀者勝矣。

譯文

擅長用兵的將領都有以下的銘言（用兵有言）：

我不敢主動先向對方挑戰，只有在對方已經著手發動攻擊的情形下，才奮起應戰（吾不敢爲主而爲客）。不是想擴張領土，只是爲了保全自己固有的疆域（不敢進寸而退尺）。在這樣的信念下，我的軍隊士氣高昂，可是沒有騰騰殺氣（是謂行無行）。軍隊在行進時高舉臂膀、高呼口號，可是卻沒有凶殘暴虐的樣子（攘無臂）。不是爲了好殺好戰而打仗，是爲了維護正義和平（執無兵）。在戰場上，最大的災禍是由於將領輕敵，只要犯了輕敵的毛病，一定戰敗，導致國破家亡（禍莫大於輕敵，輕敵則幾喪吾寶）。

所以說：兩軍對抗，越打越慘烈，只有那些懷有悲憫天下蒼生心境的一方，才會得到勝利（故抗兵相加，哀者勝矣）。

說明

春秋時代的末期，各國之間經常發生戰事，如何才可以打仗？老子依他長期對各國戰事的觀察，提出一些銘言。這些銘言也見於《孫子兵法》。因此，有人認爲《道德經》是一本有關「兵學」的著作。從廣義來看，這種看法沒有什麼差錯。

第七十章

吾言甚易知，甚易行。天下莫能知，甚能行。言有宗，事有君。夫唯無知，是以不我知。知我者希，則我貴矣。是以聖人被褐懷玉。

譯文

老子說：我講的言論其實很簡單（吾言甚易知），很容易瞭解，很容易做到（甚易行）。可是天下人愚昧無知，都不瞭解我所講的道（天下莫能知），也不遵循「道」去做事爲人（甚能行）。我講的內容都有主要的宗旨（言有宗），只要照我講的去做，就可以爲國家做事（事有君）。

但由於一般人的心智長久以來都被蒙蔽，耳目又受聲色的污染，所以才聽不懂我所講的話，不會理解我所講的道理，以及我的心意（夫唯無知，是以不我知）。眞正能夠瞭解我所講的道的內容者實在很少，大概是我所說的道太過於珍貴的緣故（知我者希，則我貴矣）。因此，聖人就像一位披著破舊外衣，可是身上卻懷藏寶玉的人（是以聖人被褐懷玉）。肉眼凡胎的人怎麼會知道呢？

說明

這一章可說是老子的自評。他認爲他所說的話都淺明易懂，也很容易做到，可是世人卻不能明白他的意思。他講的內容都有主要的宗旨，只要照著他的話去做，就可以有成就，能夠出來爲國家做事。而老子的著眼點是治理國家的公侯，至少是執政的大夫家。由此可見，老子寫《道德經》這本書，完全是爲了培養治國的明君和良臣。跟《論語》的基本思想是一致的。只是《論語》所要教育的目標是培養一般人成爲國家的公務人員。在層級上，《道德經》與《論語》是有所不同的。

第七十一章

知，不知，上。
不知，知，病。
夫唯病病，是以不病。
聖人不病，以其病病，是以不病。

譯文

一個對「道」已經多有瞭解的人，總是認爲所知有限，非常謙虛，這才是眞正瞭解「道」的上等人（知，不知，上）。

還不怎麼瞭解「道」，卻自吹自擂的宣稱他對「道」是如何的瞭解，是犯了嚴重的錯誤（不知，知，病）。

唯有察覺這種錯誤，設法改正，才能避免再犯相同的錯誤（夫唯病病，是以不病）。

聖人就沒有這些毛病，因爲他知道自吹自擂、高傲示人是一種病，他是不會犯的（聖人不病，以其病病）。

說明

老子從這一章起，開始總結他對於心性修煉有成的「聖人」的看法。這種有所成就的人，一直保持謙虛、好學的態度。一直自我反省，檢討自己的行爲有沒有犯錯，一旦發覺有什麼地方不對，就立刻改正。以後不再犯相同的錯誤。更不會自吹自擂、自我吹噓。

第七十二章

民不畏威，則大威至。
無狹其所居，無厭其所生。
夫唯不厭，是以不厭。
是以聖人，自知不自見；自愛不自責，
故去彼取此。

譯文

一個人如果膽大包天、胡作非爲、無所畏懼，那麼大災大禍很快的就會降臨（民不畏威，則大威至）。

一個正常的人應該打開心胸，包容天下的人事物（無狹其所居），對天下萬物都用喜悅的心去對待（無厭其所生）。由於自己有仁民愛物、包容天下的心胸（夫唯不厭），上天也會同樣的對待他、接納他（是以不厭）。

因此，聖人一直致力於自性的修持、智慧的提升，不會去追求對外的展現。他對經過努力修持而得到的圓明本性非常珍愛，就不會去做任何妨礙本性、干擾本性的事情。他捨棄肉身上的享受，追求眞我的解脫（是以聖人，自知不自見，自愛不自貴，故去彼取此）。

說明

修煉有成的聖人，他的心胸是非常開闊的，對天下事，都抱持正面樂觀的態度。由於他能體會上天的好生之德，上天也會用相同的態度回報他。他一直致力於自我生命的提升。而這種認知正好符合我們人生走一遭的根本目的。人生所有的遭遇，不管是喜慶，或是悲傷，或是嚴重的挫折，或是悲歡離合，或求知若渴，凡此等等，都是人生原先設定的功課。經過適當的歷練，生命才會有所成長。老子對這個人生重大課題有非常深入的瞭解。

第七十三章

勇於敢則殺，勇於不敢則活。
此兩者，或利或害，天之所惡，孰知其故？
是以聖人，猶難之矣。
天之道，不爭而善勝，不言而善應，
不召而自來，繟然而善謀。
天網恢恢，疏而不失。

譯文

凡是逞匹夫之勇、殘暴好鬥，又胡作非爲的人，必定會遭到殺身之禍（勇於敢則殺）。那些不會輕舉妄動、冒然衝動、逞強好鬥的人，就可以明哲保身（勇於不敢則活）。

這兩種人，一種對自己有利，一種對自己有害。可是偏偏有人常常迷惑，把好勇逞強、殘暴好鬥當成是正常的行爲。這種人是爲天下人所唾棄，有誰知道其中的原因呢（此兩者，或利或害，天下所惡，孰知其故）？就是聖人也難以理解（是以聖人，猶難之矣）。

上天的道是以恬淡寧靜爲要，不爭強逞能，可是經常會得到最後的勝利（天之道，不爭而善勝）。不需要講很多話，可是自然就會有善妙的感應（不言而自應）。不用刻意的安排與召請，它自然就會降臨（不召而自來）。

每件事情的因果循環，歷歷在目，絲毫不爽，就好像經過慎密的計劃一樣（繟然而善謀）。天道就像一個網，網孔是那麼稀疏廣闊，可是對於因果報應，從來沒有漏失過（天網恢恢，疏而不失）。

說明

老子在此強調每一件事情都是因果循環的一環，只要能縝密的考慮前因後果，把時間和空間放大，就可以看到事情在時間長河中，如何載沉載浮。不一定是線性的因果關係，更可能是非線性的蝴蝶效應。看上去完全沒有關係的兩件事，經過深入的分析，方才發現這兩件事本來就息息相關。舉個例子，一九二九年美國發生嚴重的經濟大恐慌，國家幾乎破產。美國為了解決這個嚴重的經濟問題，決定增加發行美鈔所需的儲備用白銀，一九三三年羅斯福總統簽署了「購銀法案」，向全世界進口白銀。沒想到讓中國在一九四七年引發一千兩百萬倍的通貨膨漲，國民政府無力對付這種可怕的通貨膨漲而敗退臺灣。美國的購銀法案與中國的通貨膨漲，看上去完全沒有關係，但仔細探討就會發現其間有密切的關係。因為在當時，中國是世界上直接使用銀元作為流通貨幣的國家。從十七世紀以來，中南美洲和日本所產的白銀，透過閩南商人在馬尼拉和澳門之間的貿易，而流入中國。從一九四〇年起，美國開始強大，用盡一切辦法，從中國市場上吸走所有的白銀。逼得國民政府不得不發行沒有白銀做為準備金的紙鈔，先後有銀元券、金元券、關金券，都因沒有準備金而貶值。在經濟學上，這是說明蝴蝶效應的最佳例證。

我們看事情，總是用同樣的一個視野，所看到的景深永遠都相同。唯有透過認眞的修煉，打破已固定化了的視野，以及固定的解讀模式，方才可以看到更大、更廣、更深的景像。所得到的認知也就跟著有所不同。

第七十四章

民不畏死，奈何以死懼之？

若使民常畏死，而為奇者，吾得執而殺之，孰敢？

常有司殺者殺。

夫代司殺者，是謂代大匠斲。

夫代大匠斲者，希有不傷其手矣。

譯文

人民不怕死，爲什麼卻要用死刑來威嚇他們（民不畏死，奈何以死懼之）？如果人民生活在安居樂業的情況下，誰都想快樂的活在世上、畏懼死亡，一旦有人違犯這個安樂生活，做出偷盜越貨，干禁犯法的事，在不得已的情形下，把他逮捕起來而殺之，看有誰敢再犯？（若使人常畏死，而爲奇者，吾得執而殺之，孰敢）

在現實世界裡情況就不同了，官員不循正常司法程序，亂判死刑，喊殺就殺（常有司殺者殺）。像這樣假借各種名目而亂行殺戮刑罰的現象，就好比不是木匠，卻代替木匠胡亂砍伐木材、製作木器（夫代司殺者，是謂代大匠斲）。凡是這種代替木匠工作的人，沒有不傷到手的（夫代大匠斲者，希有不傷其手矣）。

說明

在春秋戰國時期，各國的刑罰都相當嚴苛，梟首、崩足、腰斬等刑罰，比比皆是，人民動輒得咎，於是老子感慨的說：人民根本不怕死，爲什麼要用「死」這件事去恐嚇他們呢？看到各國的司法官員隨意用刑，完全不理會人民不怕死這件事，總有一天，會傷到自己。

第七十五章

民之飢，以其上食稅之多，是以飢。
民之難治，以其上之有為，是以難治。
民之輕死，以其求生之厚，是以輕死。
夫唯無以生為者，是賢於貴生。

譯文

人民之所以會處在飢餓的狀態，正是因爲在上位的王侯大臣徵收太多的稅賦，留下來的不夠人民日常生活之所需（民之飢，以其上食稅之多，是以飢）。

人民之所以難於治理，正是因爲在上位的王侯大臣太有作爲，想出很多奇怪又綿密細緻的法令，限制人民的行動。人民動不動就犯法，看上去好像人民很難治理（民之難治，以其上之有爲，是以難治）。

人民之所以不怕死，正是因爲他們的生活實在太痛苦了。要想活下去，非常不容易，不如死掉還來得輕鬆（民之輕死，以其求生之厚，是以輕死）。

只有那些清心寡慾、恬淡虛靜的人，在那種層層壓力下，才可以生存下去，才是眞正尊重他的生命（夫唯無以生爲者，是賢於貴生）。

說明

到了春秋晚期、戰國初年時，諸侯王的生活豪奢享受者比比皆是，跟老子、孔子同一時代的齊景公就是一個好例子，生平喜歡養馬，他死後就用了六百匹馬來殉葬。齊國名相管仲也是以生活享受著稱。在這種交相比富誇奢的風氣下，各國莫不加重稅賦，來支應公室的奢侈開銷，於是老子說：人民常處在飢餓狀態，是因爲國君享受過度的緣故。

有關春秋末期各國的開支情形，我不太清楚。只是知道在漢朝，國家每年的稅收，三分之一為王室的開銷，三分之一用來建築帝王的陵寢，剩下的三分之一才是政府的開支。漢代的財政收支是依循戰國時代而來，戰國七雄是延續春秋時代各國的收支情形而來。由此可知，在春秋晚期，國家年收入之中，有三分之二是用在帝王家。他們生活不豪奢才奇怪。

第七十六章

人之生也柔弱，其死也堅強。
萬物草木之生也柔弱，其死也枯槁。
故堅強者，死之徒；柔弱者，生之徒。
是以兵強則不勝，木強則拱。強大處下，柔弱處上。

譯文

人活著的時候，身體是柔軟的，也是脆弱的，一點點小傷就會讓他覺得疼痛難當。可是一旦死了，身體就變得僵硬（人之生也柔弱，其死也堅強）。

萬物草木其實也一樣。當它們活著的時候，迎風搖曳，風吹草偃，一付柔弱的樣子。一旦死了也就枯槁僵硬（萬物草木之生也柔弱，其死也枯槁）。

所以說，呈現堅強狀態的人，就是快點邁向死亡的人。那些謙退柔弱的人，才會走向永生之路（故堅強者，死之徒；柔弱者，生之徒）。

同樣的道理，那些擁有萬乘戰車，甲士數十萬的國家，看上去兵強馬壯的樣子，卻經常會打敗仗。就像木頭長得高大強壯時，容易遭到砍伐一樣（是以兵強則不勝，木強則拱）。

看起來很強壯的人或國家，其實都處於瀕臨折斷、崩潰的低下階段（強大處下）。看起來柔弱的人或國家，由於能夠不斷的改變自己，以適應環境，以致經常保持在生命活力旺盛的境界（柔弱處上）。

說明

老子看盡春秋末年各國之間的征伐，感慨的說，那些看上去兵強馬壯的國家，過不了多久，就身亡國滅。春秋末年的吳國就是最好的例子。由於吳王夫差的驕傲，跟齊、晉兩國爭霸。爲越王句踐所乘，兵敗、國滅、身亡。老子因而指出，柔弱方才是生存的最佳辦法。

第七十七章

天之道，其猶張弓乎？
高者抑之，下者舉之；
有餘者損之，不足者與之。
天之道，損有餘而補不足。
人之道則不然，損不足以奉有餘。
孰能以有餘奉天？唯有道者。
是以聖人，為而不恃，功成而不處，其不欲見賢。

譯文

天道的運化是微妙的，隨時可以調整的，好比彎弓射箭時的姿勢（天之道，其猶張弓乎）。對準目標時，弓拉得高了，就要調得低一點（高者抑之）；弓拉得低了，就要往上調整一點（下者舉之）。力量太大了，就減少一點；力量不夠，就增強一點（有餘者損之，不足者與之）。

天的運作通常都是把多餘的部分減掉，不足的部分補起來（天之道，損有餘而補不足）。人道卻剛好相反，都是極盡搜刮的能事，從貧苦的人民身上榨取財貨，來供應那些生活富裕者盡情揮霍（人之道則不然，損不足以奉有餘）。有誰能夠以多餘的部分分給天下人呢？只有那服膺天道的有德之士（孰能以有餘奉天？唯有道者）。

聖人體悟大道，身體力行，還不敢自恃是自己的能力（是以聖人，爲而不恃）。做了許多有益民生的事，還不願自居有功勞（功成而不處），因爲他不要誇耀他有高明的能力（其不欲見賢）。

說明

這一章的關鍵是「天之道，損有餘而補不足。人之道，則不然，損不足以奉有餘。」爲什麼會有這樣的差別？探究它的原因，就是在於人有私欲，貪得無厭。在人道中，最可怕的是剝削。可以剝削人者都是有錢有勢的富人，被剝削者都是沒錢沒勢，在飢餓邊緣掙扎生存的人。這一章老子展現出悲天憫人、民胞物與的情懷。

第七十八章

天下柔弱，莫過於水，而攻堅強者，莫之能勝，其無以易之。

故柔勝剛，弱勝強。

天下莫不知，天下莫能行。

故聖人云：受國之垢，是謂社稷主；受國不祥，是謂天下王。

正言若反。

譯文

天下最柔弱、彈性最好的東西，莫過於水（天下柔弱，莫過乎水）。可是滴水可以穿石、高山可以被水侵蝕成平地、丟石頭等任何堅硬的東西到水裡都被淹沒。不管遭逢什麼樣的情形，柔弱的本性從來不曾改變（而攻堅強者，莫之能勝，其無以易之）。

明白了水的特性，就知道柔弱勝過剛強的道理。天下人都知道這個道理，可是世上卻少有人能夠學習水的柔弱榜樣（故柔勝剛弱勝強，天下莫不知，天下莫能行）。

所以聖人說：能夠承受全國人民的污穢的人，才夠得上做爲社稷的主人。能夠承受國家災難的重擔者，才稱得上是天下的主人（故聖人云，受國之垢，是謂社稷主；受國不祥，是謂天下王）。一般人的說法正好相反（正言若反）。

說明

這一章在說理想中的國君應該是什麼樣的作爲。國家由於施政的錯誤而落後，遭到外國的侵凌而受辱，或國人的責難，不管這些問題是前朝留下來的，或者是臣下惹出來的麻煩，當時的統治者都不可以推諉責任，要一肩承擔，設法解決問題。當國家遭到重大災難時，能夠鎮定處事，安撫災民，讓災害的損失降到最低，迅速從事復原工作，讓受災的民眾可以安心過日子，沒有太多的怨言。能夠做到以上兩點，就是最好的國君。

第七十九章

和大怨，必有餘怨，安可以為善？
是以聖人執左契，而不責於人。
故有德司契，無德司徹。
天道無親，常與善人。

譯文

世人好勝心強、私心重，常常爲了一些小事而起爭執，或結下仇恨，縱使有人出面來調解，礙於情面勉強接受，可是內心還是有不愉快的心結隱藏著，像這樣的勸和，怎麼可以算是眞正的和解呢（和大怨，必有餘怨，安可以爲善）？

聖人就不是這樣，他對人有恩卻從不希求回報，就像借錢給別人，沒有想要回收的念頭。別人不還錢，他也不會責怪（是以聖人執左契，而不責於人）。所以有德的人，對於借出的款項沒有捨不得的念頭（故有德司契）；無德的人則不然，就好像催討債款的人，借多少，一定討回多少，再加上利息，一點也不放鬆（無德司徹）。

天道養育天下萬物，是不分親疏遠近，同樣的施予各種恩惠給任何一心向善的人（天道無親，常與善人）。

說明

能夠化解怨恨、仇敵的唯一辦法就是不讓仇恨怨懟發生。在此，老子提出「只問付出，不求回報」的觀念。唯有如此，方才可以眞正的消除怨恨和仇視。這種情形就像大道，不分人之親疏，不斷的給予，不求任何的回報。

第八十章

小國，寡民。
使有什伯之器而不用；
使民重死，而不遠徙。
雖有舟車，無所乘之。
雖有甲兵，無所陳之。
使民復結繩而用之，
甘其食，美其服，安其居，樂其俗。
鄰國相望，雞犬之音相聞，民至老死，不相往來。

譯文

國家小小的，人民少少的（小國，寡民）。大家過著和諧、安寧的生活，日出而作，日落而息。有一些大型的生產工具，也讓它閒置在那裡，不去使用（使有什伯之器而不用）。人民由於現實生活安和，不願犯法受刑戮（使民重死），也不會爲了躲避重稅而遠走他鄉（而不遠徙）。雖然有舟車等交通工具，由於國小，距離短，也就派不上用場（雖有舟車，無所乘之）。雖然也有些軍事裝備，可是由於沒有戰爭，也就不須要陳列於行伍之中（雖有甲兵，無所陳之）。讓人民回復到最原始的結繩記事的時代，用結繩計算事物的數量、日子和事情（使民復結繩而用之）。食物供應豐足（甘其食），可以穿華麗的衣服（美其服），安然的過日子（安其居），有快樂逍遙的習俗（樂其俗）。

由於國小，國與國之間的距離很近，用肉眼就可以看到，連對方雞鳴犬吠的聲音都可以聽到，可是彼此卻沒有什麼往來，人民終其一生都不曾走到鄰國去看看（鄰國相望，雞犬之音相聞，民至老死，不相往來）。

說明

在這本《道德經》的最後，老子提出他的理想社會是個什麼樣子，在他的心目中，是回復上古時代，國家的範圍很小，人民很少，也就是尙書所云「天下萬邦」的境界。

他勾勒心目中的理想國的圖像是這樣的：小國寡民，幾乎是劃地自限，老死不相往來。這種情形很像後世所說的「出家」。人與人之間少了往來，就不會有情緒上的起伏波動。連帶的也就沒有爭紛、衝突，當然也就沒有聚斂、戰爭、亡人之國等情事。沒有這些衝突，天下就眞的太平了。在現實社會裡，這只是一種想法，而且是不切實際的想法。在心性修煉上，這是完全可以做到的事。心性修煉講究的是個人如何安靜下來，定在一個固定的位置上，用伸縮鏡頭的原理，用心去觀察宇宙事務，而得到眞實的了解。從實際生活層面來說，他只在很小的空間範圍內活動，從心識心性的層面來說，他卻可以豎窮三際，橫遍十方。在這本《道德經》的最後，老子用反襯的手法，說明修持大道的具體做法。

第八十一章

信言不美，美言不信。

善者不辯，辯者不善。

知者不博，博者不知。

聖人不積，既以為人，己愈有，既以與人，己愈多。

天之道，利而不害；聖人之道，為而不爭。

譯文

誠實可信的話，不一定動聽（信言不美）。美麗動聽的話卻不一定可信（美言不信）。美好的事物，良善的語言，不必費功夫去爭辯（善者不辯）；需要用巧言來善辯的人事物，卻不一定是好的（辯者不善）。

眞正有智慧的人不必博覽群書，就可以知道天下事（知者不博）；知道得很多，廣讀群書的人不一定有足夠的智慧（博者不知）。

聖人就不是這樣，他的智慧不是一點一滴累積出來的，而是直接開悟（聖人不積）。聖人仁慈悲憫，一直在幫助別人，贏得天下人對他的尊敬，他變得越來越富有，（既以爲人，己愈有）可以提供更多的財力物力來幫助社會上眞正需要幫助的人，自己更會覺得富足。（既以與人，己愈多）。

上天的大道只是利益萬物，從來不去侵害萬物。聖人的大道是爲天下萬物提供最好的服務，而不是與萬物相爭（聖人之道，爲而不爭）。

說明

這一章是整本《道德經》的結語。老子自己評鑑這本書的價值，不是一般俗人的見解，而是眞正智者的見解。不願跟一般人去做比較，只是默默的等待知音，他所說的一切，就是「爲而不爭」，方才符合自古以來，所有聖王明君的共同理想。

尤其是說，聖人的智慧不是累積而來，是直接開悟所得，更是有畫龍點睛的效果。老子所說的聖人智慧好比數學上的「無限大」。無限大就是無限大，不是一加一、加一、加一這樣累積出來的。可是沒有一點一滴的累積，就不會有機會，突然躍升到無限大。一旦躍升到無限大，不管做任何加減乘除，它仍然是無限大。修行的過程亦復如是，「躍升」才是獲得眞正智慧的關鍵，古代的教育目標，就是在追求這種躍升的機會。

附錄

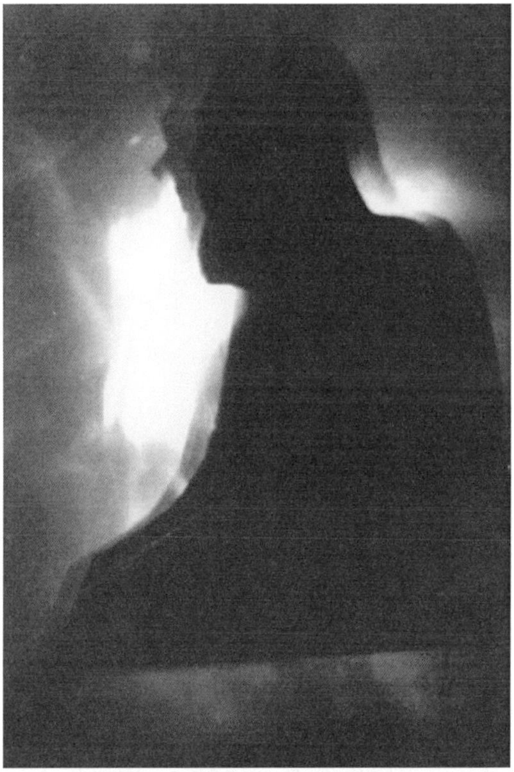

▶自序　老子形像

▼自序　印度生活照

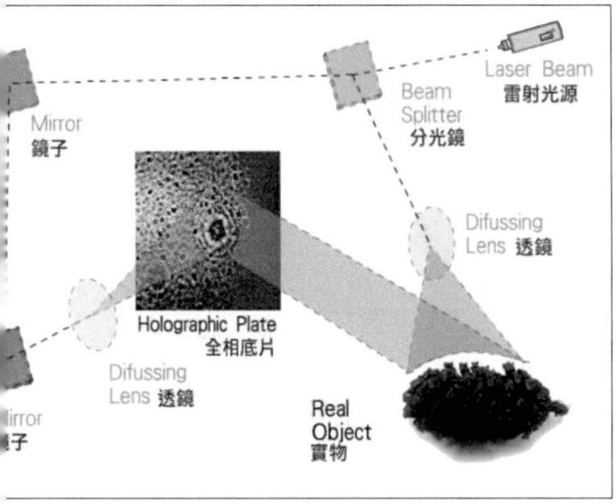

四章　圖一　全相攝影

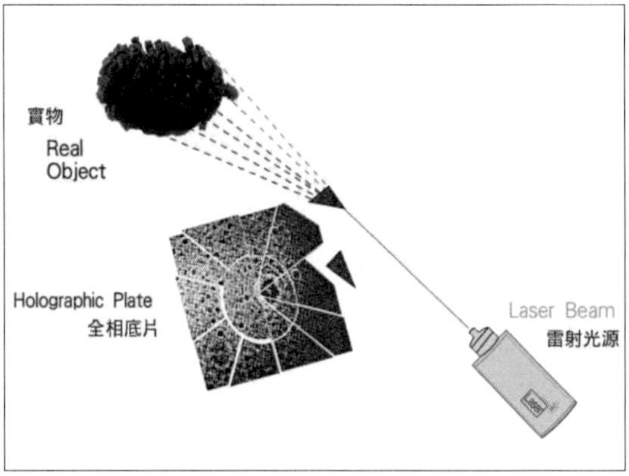

第四章　圖二　全相攝影成相原理

四章　圖三　全相照片，看上去門口站了一個人，走近一看，卻沒有人，看到的人只是一個投影。

第四章　圖四　Dennis Gabor（1900-1978）

宇宙能量是由不同頻率的電磁波所攜帶

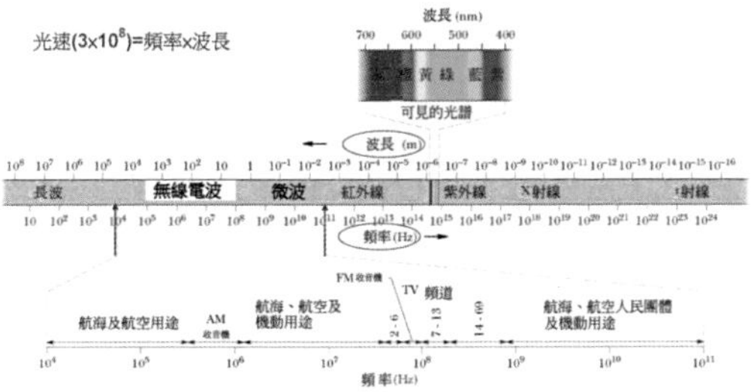

第二十一章　宇宙能量的頻譜

地球大氣層有二個窗口讓可見光和微波通過

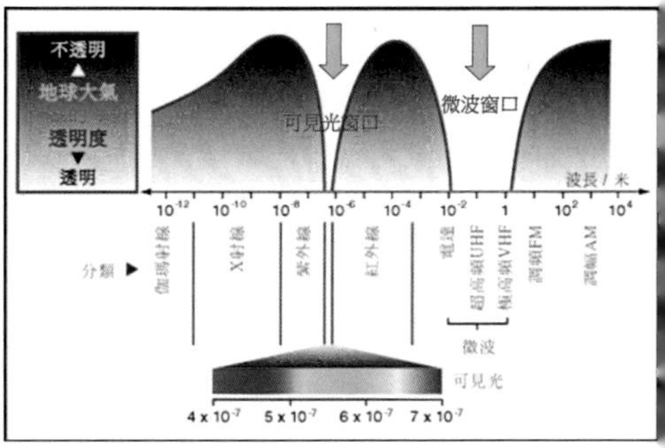

第二十一章　光與炁

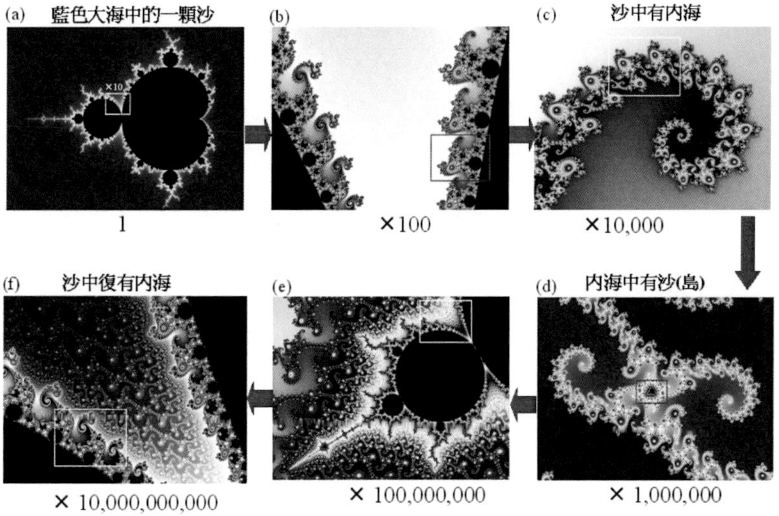

第二十五章　碎形圖案

第二十五章　自我相似性

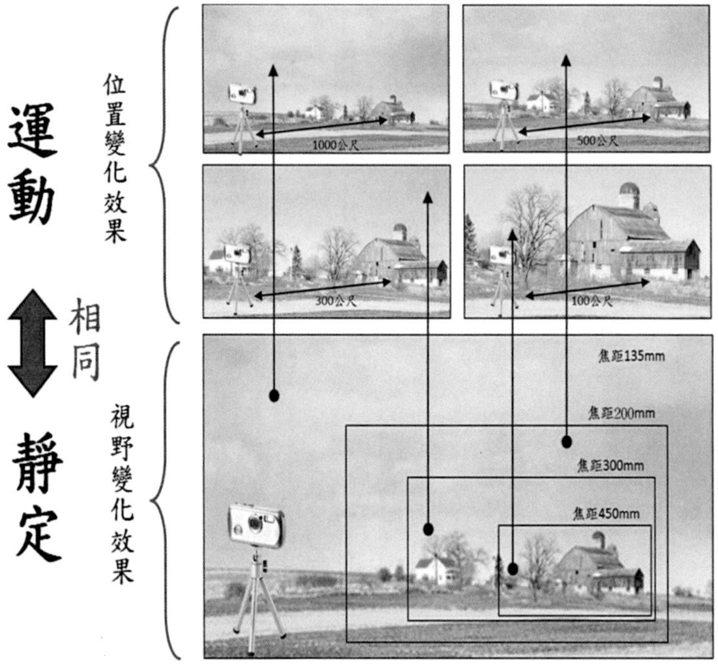

第四十七章　心念鏡頭

時間全息：**10** 個月是 **18** 億年的縮影

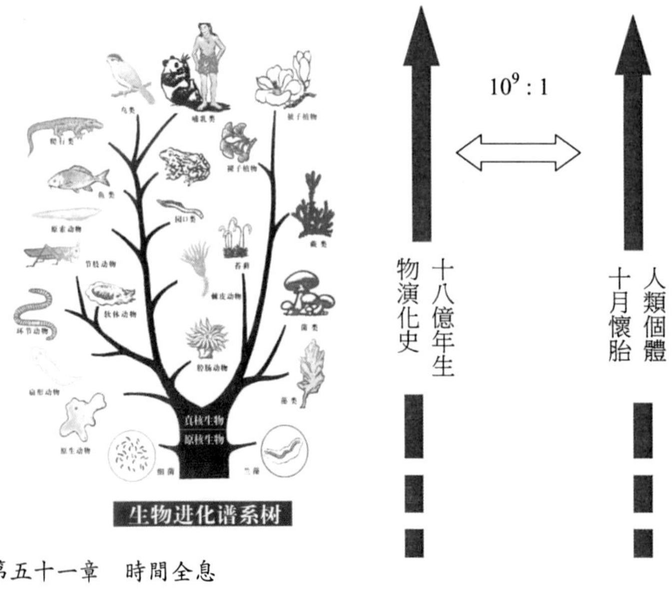

第五十一章　時間全息

哲學研究叢書・學術思想叢刊 U121

老子心解

作　　者　宋光宇
責任編輯　游依玲、宋亦勤

發 行 人　林慶彰
總 經 理　梁錦興
總 編 輯　張晏瑞
編 輯 所　萬卷樓圖書股份有限公司
　臺北市羅斯福路二段 41 號 6 樓之 3
　電話 (02)23216565
　傳真 (02)23218698

發　　行　萬卷樓圖書股份有限公司
　臺北市羅斯福路二段 41 號 6 樓之 3
　電話 (02)23216565
　傳真 (02)23218698
　電郵 SERVICE@WANJUAN.COM.TW
香港經銷　香港聯合書刊物流有限公司
　電話 (852)21502100
　傳真 (852)23560735

ISBN 978-957-739-837-6
2020 年 9 月初版五刷
2014 年 1 月初版
定價：新臺幣 400 元

如何購買本書：

1. 劃撥購書，請透過以下郵政劃撥帳號：
   帳號：15624015
   戶名：萬卷樓圖書股份有限公司
2. 轉帳購書，請透過以下帳戶
   合作金庫銀行 古亭分行
   戶名：萬卷樓圖書股份有限公司
   帳號：0877717092596
3. 網路購書，請透過萬卷樓網站
   網址 WWW.WANJUAN.COM.TW

大量購書，請直接聯繫我們，將有專人為您服務。客服：(02)23216565 分機 610

如有缺頁、破損或裝訂錯誤，請寄回更換

國家圖書館出版品預行編目資料

老子心解 / 宋光宇著.
-- 初版. -- 臺北市 : 萬卷樓, 2013.12
面 ; 公分

ISBN 978-957-739-837-6(平裝)

1.道德經 2.注釋

121.311　　102024558